EL MÁGICO MUNDO DE LA INDUSTRIA DE REUNIONES

Conocimiento esencial y consejos prácticos
para transformarte
en un Alquimista de Eventos profesional

NORMA RONCES

Alquimista de Eventos Corporativos
y Potenciadora de Meeting Planners Profesionales

El Mágico Mundo de la Industria de Reuniones. Primera edición.
Texto: Norma Ronces
Edición: Alejandra Palomares
Diseño de portada: Evelyn Crespo
Diseño de interiores: Xochitl Rodríguez
                              Norma Ronces

© 2020 Norma Laura Ronces Espinal
Todos los derechos reservados.
www.formacionae.com.mx

ISBN: 9798557300322

A Ivan,
por siempre creer en
mis sueños mágicos.

A Jazmín,
por apoyarme y
sumarse a mis proyectos.

CONTENIDO

ACERCA DE LA AUTORA

Norma Ronces es Licenciada en Administración de Empresas Turísticas, por la Escuela Internacional de Turismo. Ha sido curtida por la adrenalina, los sinsabores y las glorias producidas por una trayectoria de más de 18 años en la Industria de Reuniones. En este tiempo, ha atendido a clientes de empresas diversas (financieras, multinivel, consultorías, organizaciones sin fines de lucro, farmacéuticas, entre otras), de la mano de equipos talentosos.

Por casi 10 años dirigió el Departamento de Grupos y Convenciones en Villa Tours, hasta 2013, mismo año en el que inició su propio Meeting Planner: **360 Events Solutions** (www.360eventssolutions.com), el cual continúa en funciones y en busca de nuevos proyectos que la inciten a generar y compartir su magia.

Consciente de sus poderes como **Alquimista de Eventos Corporativos** y de su disposición para capacitar, en 2020 reconoció otro propósito: compartir sus conocimientos y experiencia, con el objetivo de formar profesionales en eventos que contribuyan a mejorar las prácticas y a fortalecer la industria que tanto le ha dado. Así, creó **Formación para Alquimistas de Eventos** (www.formacionae.com.mx), para dar a conocer su mensaje a través del presente libro y un curso correspondiente.

Exigente, comprometida, curiosa e impaciente, también es amante de la música, el cine, el teatro, los viajes y de aprender cosas nuevas con cada experiencia vivida.

A PUNTO DE ABRIR EL LIBRO DE HECHIZOS

A PUNTO DE ABRIR EL LIBRO DE HECHIZOS

¿Qué estás dispuesto a pagar para TRANSFORMARTE en un verdadero Meeting Planner profesional... y sobrevivir en el intento?

Probablemente quieres incursionar en la **Industria de Reuniones**. Tal vez tienes poco tiempo en el negocio, pero ya te has topado con algunos dragones difíciles de controlar. O quizá tengas ya cierto tiempo, pero has aprendido varias cosas de manera empírica y te gustaría reafirmar tus conocimientos.

Cualquiera que sea tu caso, ¡bienvenido! Nos encontramos aquí para fortalecer una base teórica y para que te lleves algunos consejos prácticos de situaciones por las que he atravesado; pero, más importante aún, estamos aquí para también averiguar cuáles son los ingredientes con los que puedes hacer magia en tu vida profesional y tu vida personal (que, siendo sinceros, suele estar en riesgo dentro de esta industria). Hablaremos de aquellas cosas no reveladas en la escuela y que a veces nos vemos obligados a descubrir cuando el mundo ya se nos cayó encima.

Así como hay grandiosos profesionales, también deambulan algunos Meeting Planners sin la preparación adecuada, quizá porque no les fue enseñado en la escuela o porque estimaron que hacer eventos sería un negocio fácil. La importancia de un evento para quien lo patrocina es ENORME, por lo que la expectativa depositada en nosotros es muy alta. No prepararnos en todo aspecto nos puede llevar a errores garrafales, si no es que al fracaso. Tú NO serás uno de esos casos.

Estoy convencida de que NADA es gratis en esta vida, y que la magia SIEMPRE tiene un precio. En mis palabras, **los sueños mágicos cumplidos NUNCA son gratis**.

Quizás hayas escuchado que el uso de las palabras *siempre* y *nunca* es peligroso, pero piensa en esto: tener buena salud o un buen físico no es gratis; debes cuidar tu alimentación, tu sueño, hacer ejercicio. Ser un profesionista exitoso requiere preparación constante, compromiso y trabajo arduo. Tener una buena relación amorosa implica honestidad, respeto, compromiso, paciencia. Así, para cada objetivo puedes sumar los ingredientes que se te ocurran... y ese es el precio por pagar.

Podrás argumentarme que la magia no existe, pero para mí, esta sucede cuando logras algo: sea un negocio, el "sí acepto" de tu gran amor, un cuerpazo, mejores relaciones familiares, un ascenso o un nuevo proyecto asignado por tu jefe... ¿No sientes que algo mágico sucede cuando lo consigues?

Así, la magia SIEMPRE tiene un precio por pagar.

Tener éxito en la Industria de Reuniones, también implica un pago. Puedo ver que ya se te están ocurriendo situaciones mágicas, pero piensa esto: tu cliente quiere un evento espectacular; te da detalles mínimos, con un presupuesto reducido, y te pide tres propuestas creativas en cuatro días. ¿Ya te empezaste a sentir mágico? Como yo, a veces terminas leyendo mentes, hechizando el presupuesto para estirarlo, y luchando con dragones con forma de imprevistos, accidentes o pandemias. Sí, hacemos magia, de eso estoy segura.

Al final de este libro, más que mago, serás un **ALQUIMISTA DE EVENTOS**. Y para ponernos de acuerdo, entendamos la alquimia desde una perspectiva popular, casi mágica, que es la de TRANSFORMAR. No pretendo que conviertas metales en oro, ni que encuentres la piedra filosofal, pero sí que seas dedicado y descubras fórmulas funcionales, que transformen tu desempeño, tus eventos y hasta tu vida como Meeting Planner.

Yo soy una **Alquimista de Eventos Corporativos**, principalmente, porque con el tiempo descubrí que transformaba la CONFIANZA de mis clientes en ÉXITO (para ellos, para mí y he procurado hacerlo para todos los involucrados). La confianza es un valor recurrente que mis clientes y proveedores conservan en su mente después de trabajar conmigo. Ahora estoy cierta de cuán valioso es ese activo derivado de mi compromiso, mi responsabilidad y mi perseverancia. Esos son algunos ingredientes mágicos que espero tú desarrolles en el transcurso del libro para ponerlos en marcha en tu día a día.

La Industria de Reuniones requiere Alquimistas profesionales, preparados y comprometidos. Como Potenciadora de Meeting Planners profesionales, estoy aquí para ayudar a convertirte en uno.

En las primeras páginas daremos un recorrido por nuestra industria, para luego definir el perfil que nos caracteriza como Planners o Alquimistas. Después, tocaremos algunos aspectos técnicos que dan forma a un evento y conceptos que te ayudarán a comunicarte adecuadamente con tus colegas, clientes o proveedores. Enseguida, con perfil menos técnico, pero actual, te hablaré de las tendencias en la forma de crear eventos, que no son nuevas en realidad, pero cuya práctica no está tan extendida todavía y vale la pena integrar. Posteriormente, abordaré mis sugerencias y experiencias personales con un enfoque más práctico, para que las apliques en el camino de crear eventos. Y al final, te daré mi perspectiva de qué es este *Mágico Mundo* para mí y cómo podrás sacar el máximo provecho a todo lo anterior.

Antes de disponernos a trabajar, te externo mi agradecimiento y reconocimiento por haberte decidido a dar un paso para descubrir y potenciar tu magia. Hacer de esta industria un lugar donde podamos aportar algo aún más valioso al mundo es responsabilidad de todos los que estamos involucrados.

CAPÍTULO 1.

EL MÁGICO MUNDO DE LOS EVENTOS

1. EL MÁGICO MUNDO DE LOS EVENTOS

Para amar algo y abrazarlo, tienes que conocerlo. Este capítulo está destinado a ponerte en contexto con lo que espero sea uno de tus grandes amores: crear eventos. Te hablaré un poco de qué sucede en la Industria de Reuniones, quiénes la integramos, qué organismos nos agrupan y representan.

También revisaremos los tipos de eventos que la conforman y cómo se clasifican, lo cual es esencial para que comiences a identificar dónde quieres y puedes transformar tu trabajo en magia.

Así que... ¡comencemos!

1.1   UNA MIRADA A LA INDUSTRIA DE REUNIONES

En el mundo, la Industria de Reuniones resulta un motor de crecimiento debido a su impacto, clasificado en tres tipos:

- **Impacto directo.** Consiste en los gastos y trabajos involucrados en la planeación y producción de eventos de negocios, así como los viajes de participantes a estos eventos, y otros gastos directamente relacionados.
- **Impacto indirecto.** Involucra la derrama laboral y económica en las industrias proveedoras; es decir, en la cadena de valor. Por ejemplo, los ingredientes de los alimentos requeridos en la sede de un evento; el abasto de energía para los aparatos utilizados; también, los servicios especializados contratados, como limpieza, marketing, soporte tecnológico, servicios legales o financieros.
- **Impacto inducido.** Ocurre cuando los empleados de todas las empresas mencionadas gastan sus salarios o ingresos en el resto de la economía, como renta, transportación, comida, entretenimiento.

En términos más simples, un evento utiliza una gran diversidad de servicios turísticos y no turísticos, que detonan una derrama económica con alcance a la comunidad local. Por ejemplo, pensemos en un congreso llevado a cabo en el centro de convenciones de una ciudad determinada. Se requiere un recinto, uno o varios hoteles, transportación aérea y/o terrestre, traslados locales, alimentos (en el recinto, en los hoteles y quizá en otros restaurantes), probablemente tours... pero también una empresa de producción que monte el escenario y se encargue del equipo audiovisual; otra que monte stands, si hay un área comercial; paquetería, seguridad, limpieza, edecanes, conferencistas, artículos promocionales, renta de computadoras, decoración... y todo lo que cada reunión implique en particular.

Por ello, aunque para varios efectos se le sigue llamando *Turismo de Reuniones*, verás que la Industria de Reuniones toca muchos otros sectores no exclusivamente turísticos. De ahí su relevancia económica y social, además de ecológica. El término *MICE* (Meetings, Incentives, Conferences and Exhibitions) también es utilizado, aunque no siempre se prefiere, debido a que no reconoce la amplitud del alcance del sector que ya vislumbramos.

INDUSTRIA DE REUNIONES

Estimula inversiones, comercio, tecnología y comunicaciones

Soporta otros negocios e industrias

Gasto por participante casi duplica al del turista vacacional
(más aún en incentivos)

Promueve el entendimiento y cooperación globales

Fomenta educación y desarrollo profesional locales, creando empleos

Hace felices a los Event Planners

Históricamente, se han hecho diversos esfuerzos para concentrar la información que permita demostrar dicha relevancia. En 2018, el Events Industry Council (EIC, antes CIC), en conjunto con Oxford Economics, logró consolidar un importante estudio: *La importancia económica global de los eventos de negocios*[1], de donde te compartiré algunos datos destacables.

---

1   Events Industry Council. *Global Economic Significance of Business Events*, 2018. https://insights.eventscouncil.org/Portals/0/OE-EIC%20Global%20Meetings%20Significance%20%28FINAL%29%202018-11-09-2018.pdf. Consultado el 4 de mayo de 2020.

Este reporte:

- Considera **Business Events** (eventos de negocio), definidos como: reunión de 10 o más participantes, por un mínimo de cuatro horas, en una sede contratada.
- Incluye convenciones, conferencias, congresos, trade shows o exhibiciones, viajes de incentivo, eventos corporativos o de negocios, y otros que cumplan con estos criterios.
- Excluye eventos sociales (bodas, bautizos y similares), educación formal permanente (primaria, secundaria, universidad), actividades puramente recreativas (conciertos, shows), giras de campañas políticas, reuniones de consumidores convocados por una compañía con el propósito de presentar bienes o servicios para venta (consumer shows[2], lanzamientos de producto a consumidores).
- Utiliza estudios o datos cruzados de 180 países.
- Hace un enfoque primordial en los gastos directos del evento, lo que permite una clara medición de la relevancia económica de los bienes y servicios provistos por una diversidad de industrias.

IMPACTOS DIRECTOS

IMPACTOS TOTALES

PARTICIPANTES
1.5 billones
entre más de 180 países

GASTOS DIRECTOS
US$ 1.7 trillones*
(business sales)

GASTOS TOTALES
US$ 2.53 trillones
(business sales)

APORTACIÓN AL PIB
US $621.4 millones
en el Producto Interno Bruto directo

US $1.5 trillones
en el Producto Interno Bruto total

IMPACTOS DIRECTOS E INDUCIDOS

EMPLEOS
10.3 millones
directamente soportados por reuniones globales

25.9 millones
directa e indirectamente soportados por reuniones globales

*Representa gastos por planear y producir reuniones de negocios, viajes relacionados, y otros como los gastos de expositores.
FUENTE: Elaboración propia con datos del *Global Economic Significance of Business Events*, Events Industry Council, 2018

---

2   Por definición, la diferencia entre un trade show y un consumer show es que el primero está dirigido a los miembros de una industria determinada; y el segundo está abierto al público en general.

En el estudio encontraron que, del total global, la región de Norteamérica realizó el 35.6 % de los gastos directos, concentró al 21.7 % de los participantes y representó el 35.7 % del Producto Interno Bruto (PIB). En tanto, la región de Latinoamérica y el Caribe tuvo el 3.1 % de los gastos directos, 6 % de participantes y 3.3 % del PIB, todavía muy por debajo de Europa Occidental y Asia.

México se ubicó en el puesto número 10 en términos de gastos directos, aunque varía un poco su posición con respecto a su participación en el PIB nacional y la cantidad de empleos generados.

No.	País	Impacto de producción total (bill. USD)	Impacto total al PIB (bill. USD)	Impacto total en empleos (miles)
IMPACTO ECONÓMICO TOTAL (Primeros 20 países)				

IMPACTO ECONÓMICO TOTAL (Primeros 20 países)				
Impacto total generado por el sector de reuniones de negocio (2017)				
No.	País	Impacto de producción total (bill. USD)	Impacto total al PIB (bill. USD)	Impacto total en empleos (miles)
1	Estados Unidos	$ 787.0	$ 446.1	5,905
2	China	$ 372.8	$ 247.3	5,215
3	Alemania	$ 285.7	$ 165.0	1,939
4	Reino Unido	$ 198.9	$ 133.5	1,829
5	Japón	$ 147.2	$ 78.2	1,420
6	Italia	$ 70.2	$ 38.3	569
7	Canadá	$ 67.3	$ 42.4	493
8	Australia	$ 56	$ 31.1	545
9	Francia	$ 53.6	$ 27.4	493
10	México	$ 52.8	$ 37.6	1,130
11	Suecia	$ 46.0	$ 30.6	279
12	España	$ 27.4	$ 17.2	253
13	Brasil	$ 24.3	$ 17.0	484
14	Argentina	$ 22.9	$ 13.7	303
15	Corea del Sur	$ 22.8	$ 15.9	216
16	India	$ 19.5	$ 9.7	228
17	Rusia	$ 17.5	$ 9.3	316
18	Sudáfrica	$ 13.4	$ 6.0	155
19	Indonesia	$ 12.8	$ 7.8	278
20	Turquía	$ 10.4	$ 4.4	167

FUENTE: Events Industry Council, *Global Economic Significance of Business Events*, 2018, p. 17.
Extracto de la lista de los primeros 50 países, clasificados por impacto de producción total (billones de USD) y miles de empleos.

Es interesante observar que, si la Industria de Reuniones fuera un país, se ubicaría en el puesto número 22 en términos de su contribución al PIB global con impactos directos. Si se consideraran los impactos totales, estaría en el puesto número 13, por arriba de Australia, España y México.

COMPARACIÓN DEL SECTOR DE REUNIONES DE NEGOCIOS CON LAS ECONOMÍAS MUNDIALES (2017)

Contribución directa del sector al PIB: US $ 621 billones
Contribución total del sector al PIB: US $ 1.5 trillones

PRODUCTO INTERNO BRUTO DIRECTO			PRODUCTO INTERNO BRUTO TOTAL		
No.	País	PIB (bill. USD)	No.	País	PIB (bill. USD)
1	Estados Unidos	$ 19,391	1	Estados Unidos	$ 19,391
2	China	$ 12,243	2	China	$ 12,243
3	Japón	$ 4,874	3	Japón	$ 4,874
4	Alemania	$ 3,691	4	Alemania	$ 3,691
5	Francia	$ 2,587	5	Francia	$ 2,587
6	Reino Unido	$ 2,536	6	Reino Unido	$ 2,536
7	India	$ 2,521	7	India	$ 2,521
8	Brasil	$ 2,055	8	Brasil	$ 2,055
9	Italia	$ 1,942	9	Italia	$ 1,942
10	Canadá	$ 1,652	10	Canadá	$ 1,652
11	Rusia	$ 1,577.51	11	Rusia	$ 1,578
12	Corea del Sur	$ 1,530	12	Corea del Sur	$ 1,530
13	Australia	$ 1,379	13	Sector de Reuniones de Negocio (impacto PIB total)	$ 1,496
14	España	$ 1,321	14	Australia	$ 1,379
15	México	$ 1,152	15	España	$ 1,321
16	Indonesia	$ 1,016	16	México	$ 1,152
17	Turquía	$ 851	17	Indonesia	$ 1,016
18	Países Bajos	$ 829	18	Turquía	$ 851
19	Arabia Saudita	$ 684	19	Países Bajos	$ 829
20	Suiza	$ 679	20	Arabia Saudita	$ 684
21	Argentina	$ 637	21	Suiza	$ 679
22	Sector de Reuniones de Negocio (impacto PIB directo)	$ 621	21	Argentina	$ 637
23	Suecia	$ 539	23	Suecia	$ 539
24	Polonia	$ 524	24	Polonia	$ 524
25	Bélgica	$ 494	25	Bélgica	$ 494

FUENTE: Events Industry Council, *Global Economic Significance of Business Events*, 2018, p. 27.

¿Ahora tienes una mejor idea de cuán importante es nuestra industria en la economía mundial?

También es cierto que la Industria de Reuniones, al igual que el Turismo en general, suelen ser de los primeros golpeados en tiempos de crisis económicas, de salud o sociales. Sin embargo (y tal vez por ello) es un sector muy resiliente, capaz de reinventarse para lograr adaptarse a nuevas necesidades, normas y tendencias. Por eso, es elemental que nos mantengamos al día, y preparados para ajustar la ruta o reconfigurar los términos.

Para concluir con las estadísticas, aquí unos datos de la Industria de Reuniones en México, reportados en 2019[3]:

INDUSTRIA DE REUNIONES EN MÉXICO (2018)

Representa **1.8 % del PIB** (derrama anual de 35 mil MDD)	**Emplea alrededor de 900 mil personas**	Ocupa **18.8 %** del total de **cuartos noche** en el país (30 millones)	**=3.1x PIB** generado por total de conciertos, espectáculos, eventos deportivos, y toda la actividad recreativa	Sus partici- pantes **gastan 94 % más** que el turista vacacional

FUENTE: Elaboración propia con datos de la Secretaría de Turismo, 2019.

Asimismo, según la ICCA (International Congress and Convention Association), en 2019 existieron 13,269 eventos de asociaciones, que rotan por todos los continentes. Estados Unidos es el país que más recibe estos eventos (934 congresos). México se ubica en el lugar 23 con 197 eventos; ocupa el quinto lugar en el continente americano, luego de Estados Unidos, Canadá, Argentina y Brasil[4].

Comparado con otros destinos, México cuenta con ciertas ventajas[5] que debe aprovechar, como:

- Precios competitivos en productos y servicios.
- Estratégica ubicación y alta conectividad.
- Oferta diversa en infraestructura hotelera y de recintos.
- 34 patrimonios mundiales (UNESCO), 160 sitios arqueológicos abiertos al público y más de 1,200 museos.

---

3   Secretaría de Turismo (México). *Comunicado 102/2019.* Publicado el 21 de agosto de 2019. https://www.gob.mx/sectur/prensa/la-derrama-economica-que-genera-la-industria-de-reuniones-representa-el-1-8-por-ciento-del-pib-nacional

4   International Congress and Convention Association. *ICCA Statics Report 2019. Country & City Rankings – Public Abstract.* https://www.iccaworld.org/knowledge/article.cfm?artid=701. Consultado el 21 de julio de 2020.

5   Visit México. *¿Por qué México? Turismo de Reuniones,* mayo, 2020. https://www.visitmexico.com/turismo-de-reuniones/es

Incluso si llegaste a esta industria por casualidad, ahora sabes que eso que quizá pensaste que era pequeño, contribuye a una realidad amplia de recursos. Parte de lo que podemos hacer es contribuir a que esos beneficios permeen en la sociedad, para que el impacto que generamos sea lo más positivo posible. De eso, hablaremos más adelante.

Ya que conocemos el valor de las reuniones, hablemos de cómo las categorizamos.

1.2   CLASIFICACIÓN DE EVENTOS

El Events Industry Council define a un **evento**[6] como:
> Una ocasión organizada, como una reunión, convención, exhibición, evento especial, cena de gala, etc., frecuentemente compuesta de <u>actos</u> diferentes, aunque relacionados.

Asimismo, un **acto**[7] lo define como:
> Cualquier ocasión organizada relativa a un grupo, que contribuye a un evento más grande; por ejemplo, un área de registro, ensayo, display exterior, oficina, sesión, break-out y similares.

Es posible encontrar diferentes clasificaciones, según el interés o enfoque de quién las clasifique. Si tomamos la definición de Turismo de Negocios de la Organización Mundial del Turismo (OMT), encontraremos que mencionan estos **componentes clave**[8]:

Para ayudarte a comprender las diferencias entre ellos, a continuación, encontrarás la definición que el EIC[9] hace de varios tipos de eventos, con algunos comentarios personales agregados.

---

6   Events Industry Council. *Industry Glossary*. Consultado en mayo de 2020. https://insights.eventscouncil.org/Full-Article/event

7   Ibid. https://insights.eventscouncil.org/Full-Article/function

8   UNWTO. *Tourism Definitions*, pp. 42-43, abril, 2019 https://www.e-unwto.org/doi/book/10.18111/9789284420858

9   Events Industry Council. *Industry Glossary*. Varias entradas: https://insights.eventscouncil.org/Search-Results/PID/425/mcat/406/acat/2/ev/1/nsw/t/EDNSearch/launch

Convención

- Reunión de delegados, representantes y miembros de una industria u organización con un fin común, como: sesiones educativas, reuniones de comité, actos sociales y reuniones para gestión de la organización.
- Suele ser un evento recurrente y la organización cubre todos los gastos del participante.
- Puede ser regional, nacional, internacional o mundial, y ser una reunión interna o contemplar a invitados externos, como clientes.
- Es común que combine varios aspectos, como sesiones plenarias, donde se presentan resultados y objetivos; sesiones de trabajo para capacitación o desarrollo de estrategias; actividades de integración o motivación; networking, etc.
- La sede seleccionada tiene un peso importante, pues frecuentemente, sobre todo para equipos de ventas, hay un componente aspiracional.

Congreso

- Reunión de grandes grupos de individuos, generalmente para discutir un asunto en particular. Suele durar varios días y tener diversas sesiones simultáneas. (El término utilizado en Europa es *Convention*).
- El dueño del evento es una agrupación o asociación gremial.
- La mayoría son anuales o bienales.
- Puede ser regional, nacional, internacional o mundial.
- Lo usual es que cada participante pague su cuota de registro o que esté patrocinado por alguna instancia. Asimismo, existen patrocinadores para múltiples aspectos y servicios del evento.
- El componente educativo y de networking es esencial. Puede incluir un área de exhibición. También es común ofrecer tours antes o después del congreso, así como programas para acompañantes.
- Suele ser itinerante, al menos cada cierto número de años; y en un destino de fácil acceso. Debido a la magnitud del evento, puede requerir de un gran recinto, como un centro de convenciones, además de hoteles cercanos para hospedar a los participantes foráneos y, posiblemente, realizar otras reuniones cerradas.

Exposición (o Exhibición o Feria)

- Evento en el que los productos, servicios o material promocional de una determinada industria son mostrados a los participantes, quienes visitan stands en el piso de exposición (show floor).
- Básicamente, se trata de reunir a la oferta y a la demanda en un único lugar, y es común que incluyan no solo la parte comercial, sino también talleres, conferencias, espacios para networking, ya sean como parte del programa general o de agrupaciones del medio.

- Quienes se exhiben (stands) cubren sus gastos; los participantes acuden por cuenta propia o por invitación de algún expositor.
- De ámbito regional, nacional o internacional.
- Suelen ser cerradas para su mercado objetivo, y algunas se manejan solo por invitación; otras pueden ser mixtas (reciben público general o estudiantes un día, por ejemplo). Son business to business (B2B) o business to consumer (B2C).
- Actualmente, algunas se llevan a cabo de manera virtual, pero el valor de los encuentros cara a cara al hacer negocios sigue siendo difícil de sustituir.
- Según su tamaño, es común que se realice en un recinto ferial o centro de convenciones, y puede requerir de hoteles para hospedar a participantes foráneos.

Viaje de Incentivo

- Es una herramienta global que utiliza una experiencia de viaje excepcional para motivar y/o reconocer a los participantes por sus altos niveles de desempeño en la consecución de los objetivos de la organización.
- Posiblemente el viaje forme parte de un programa de incentivos más complejo, que contemple varias metas y reconocimientos previos (monetarios u obsequios o experiencias).
- Están mucho más enfocados en las emociones y las experiencias vivenciales que otros tipos de reuniones.
- Lo más común es que los participantes sean vendedores o distribuidores, pero bien pueden ser otros departamentos que alcanzan o superan metas específicas. Los sectores más asiduos a estos viajes son aseguradoras, empresas de tecnología de la información, automotrices y farmacéuticas.
- Al ser un viaje muy lucrativo, la sede, el servicio y las actividades deben ser de alto nivel, capaces de ofrecer una experiencia única, memorable, motivacional y aspiracional (*factor WOW*).
- Puede ser que se incluya una sesión formal, pero no es el foco principal del evento.
- Es posible que incluya acompañantes.

Otros tipos de reuniones que encajan en la clasificación son los siguientes:

Asamblea

Reunión general o formal de una organización, a la que asisten representantes de sus miembros con el propósito de decidir la dirección legislativa, políticas, elecciones o directrices de negocio de la organización misma.

Coloquio

Es una reunión informal con el propósito de discutir, usualmente, cuestiones de naturaleza académica y de investigación, con el fin de determinar áreas de mutuo interés, a través del intercambio de ideas. No suelen ser reuniones regulares, sino convocadas cuando se necesitan.

Conferencia de Prensa

Reunión o entrevista realizada para hacer un anuncio o comunicar información a representantes de medios de comunicación. Puede ser un evento independiente o formar parte de un evento principal (congreso, seminario, lanzamiento de producto, asamblea, etcétera).

Cónclave

Reunión de un grupo con intereses compartidos o especiales, tradicionalmente de una naturaleza confidencial o secreta con participación restringida o limitada. (*Cónclave* proviene del latín que se traduce como "con llave". Un ejemplo famoso es aquel donde los cardenales católicos se reúnen para elegir al nuevo papa).

Cumbre o Summit

Reunión formal de líderes de gobierno o de líderes de cierta industria, para tratar temas particulares. Por su perfil, la sede frecuentemente requerirá importantes medidas de seguridad y prestaciones adecuadas para participantes de alto nivel. Suele ser de carácter internacional o mundial.

Evento Híbrido

Reunión que combina aspectos de reuniones cara a cara y reuniones virtuales. Por ejemplo, se tiene un evento presencial, que a la vez se transmite a través de plataformas digitales, para que personas que no pueden o no desean trasladarse a la sede, tengan acceso a todo o parte del programa.

Evento Social

Evento con el propósito de facilitar el networking entre los participantes (como un coctel o una cena que formen parte de un congreso). En otro aspecto, es una celebración de carácter más familiar, como bodas, bar mitzvá, cumpleaños, aniversarios y similares. De estos últimos, que tienen un lugar especial, no nos ocuparemos en este libro; no obstante, hay proveedores a los que acudimos unos y otros (sedes, banqueteros, decoración). Notarás que la calidad de servicio y comunicación son igualmente primordiales.

Evento Virtual

Reunión que se lleva a cabo por completo a través de plataformas digitales, desde una videoconferencia entre un grupo determinado, un webinar (seminario en línea), hasta un congreso con área comercial, donde se crean salas virtuales, grupos de trabajo, citas de negocios y demás.

Seminario

Reunión o serie de reuniones de un grupo de especialistas con diferentes habilidades y un interés común, unidos con un propósito de entrenamiento o enseñanza. También puede ser una clase y diálogo que permite a los participantes compartir experiencias en cierto campo, bajo la guía de un líder experto en la discusión. Se centra en la educación, capacitación o actualización. Puede ser de asistencia obligatoria y cubierta por la empresa; y puede o no ser periódico.

Simposio

Reunión de expertos en un campo en particular, en la cual presentan documentos o estudios para discusión entre especialistas, con el objetivo de hacer recomendaciones concernientes a los problemas discutidos.

Taller (Workshop)

Reunión de personas para discutir un tema de manera intensiva. Puede ser una sesión informal que toma lugar entre sesiones plenarias formales o comisiones en un congreso o conferencia, sea un tema elegido por los participantes o un problema sugerido por los organizadores. También se puede referir a una sesión de entrenamiento, donde los participantes, frecuentemente a través de ejercicios, desarrollan habilidades y adquieren conocimientos en un campo determinado.

Grupos Afines

Cabe mencionar que existen eventos de grupos afines, con intereses comunes y de naturaleza social, cultural, religiosa, deportiva o política. Se pueden reunir por distintos motivos que encajarán en alguno de los tipos arriba mencionados, y cada participante se encargará de sus propios gastos. Es usual que se apoyen en un agente de viajes o un especialista en este tipo de eventos.

Retomando la clasificación de la OMT, en este libro **nos enfocaremos especialmente en las reuniones** (business meetings), donde se incluyen los **EVENTOS CORPORATIVOS** -que son mi especialidad- y de los que hablaremos a continuación:

- Pueden ser desde pequeñas reuniones de 10 personas, hasta de cientos o incluso miles.
- El destino sede frecuentemente depende de la cercanía con las oficinas centrales de la compañía o la ubicación de alguna de sus instalaciones o proveedores.
- Su planeación suele ser relativamente corta: de dos a seis meses (comparada con un congreso de asociación, que puede ser de años).
- Utilizan una diversidad de sedes: hoteles, centros de convenciones y recintos alternativos, con buena calidad de alimentos, bebidas y servicios tecnológicos. Con el fortalecimiento del compromiso de Responsabilidad Social Corporativa (RSC o CSR, por sus siglas en inglés) y sostenibilidad de las empresas, las sedes cada vez son más evaluadas también en estos aspectos.
- Previo a la pandemia del 2020, existía ya una tendencia a volver virtuales o híbridos ciertos eventos o parte de ellos, en buena medida debido a los presupuestos ajustados, que pueden optimizarse con la tecnología. La crisis sanitaria aceleró su implementación y estas modalidades se convirtieron en la opción viable para continuar con las reuniones.

Los eventos corporativos pueden tener **dos enfoques**[10]:

- **Reuniones internas**:
  - Enfocadas en la organización (company facing).
  - Incluyen aspectos como operaciones, logística, ventas, mercadotecnia, recursos humanos.
  - Reuniones generales anuales (como una Convención Anual de Ventas).
  - Reuniones de planeación (como una junta del área de Finanzas).
  - Retiros de ejecutivos (como una Junta de Consejo).
  - Team building (actividades de integración).
  - Ventas y gerenciamiento (como un kick-off para agentes de seguros de vida).
  - Entrenamientos o talleres (como sesiones de capacitación o actualización).

- **Reuniones externas**:
  - Más enfocadas en negocios (market facing), para relacionarse con proveedores o desarrollar clientes.
  - Reuniones de relacionamiento con la cadena de proveedores.
  - Reuniones de relacionamiento con clientes (como un Día de la Innovación o un Día de Apreciación)
  - Grupos de usuarios.
  - Lanzamientos de producto.

---

10 United Nations World Tourism Organization (UNWTO) and European Travel Comission (ETC). *The Decision-making Process of Meetings, Congresses, Conventions and Incentives Organizers*, 2015, pp. 84 y 85. https://www.e-unwto.org/doi/book/10.18111/9789284416868

Como habrás visto, cada tipo de reunión tiene objetivos diferentes y, por lo tanto, presentan necesidades y estilos distintos. Si bien existen Meeting Planners o agencias con experiencia en muchos tipos, actualmente se promueve más la especialización y así también se denota en las asociaciones y certificaciones disponibles en el mercado.

¿En qué tipo de eventos te has especializado o cuáles son los que más te han llamado la atención? ¿Lograste distinguir las similitudes y diferencias entre ellos? ¿Los conoces todos o identificaste alguno que te gustaría experimentar?

1.3 ¿QUÉ ACTORES PARTICIPAN EN LA MAGIA? (Cadena de valor)

Hemos dejado claro el impacto de la Industria de Reuniones y la variedad de eventos que requerirán el apoyo o participación de distintos actores. Como ya he mencionado, estos actores no solo se hallan en el entorno turístico, sino en otro buen número de sectores que los turistas no utilizan, y que posiblemente, atienden localmente a un público que nada tiene que ver con las reuniones. Por ello, el impacto generado por nuestra industria es tan extenso.

Entonces, ¿quiénes son esos actores y en qué aspectos colaboramos con ellos para crear la magia?

ACTOR	¿QUIÉN ES?	¿CÓMO NOS AYUDA?	ESQUEMA DE PRECIOS
Agencias de Eventos, Casas de Incentivo, Organizadores de Eventos **Aquí nos ubicamos nosotros**	Agencias especializadas en eventos corporativos, congresos, exhibiciones o incentivos (uno o varios tipos). Meeting Planners (MP), Professional Congress Organizers (PCO), planners independientes. Ahora es común que agencias de producción y de marketing interpreten este papel.	Se encargan de todo o parte del diseño, planeación, organización y operación de un evento. Las casas de incentivo se especializan en programas de incentivo, que pueden ir más allá de un viaje de incentivo como tal.	Sus ingresos provienen de comisiones (de hoteles u otros proveedores), y según sus estándares, pueden: ■ Cobrar por servicio[11] ■ Tener un *mark-up*[12] ■ Cargar un porcentaje de *management fee*[13]

---

11 Cargo calculado por un servicio específico; por ejemplo, el desarrollo de un diseño, la coordinación de un evento, etc.
12 Mark-up: Precio donde se agrega un porcentaje de ganancia o utilidad al costo ofrecido por el proveedor.
13 Management fee: Porcentaje que se cobra sobre la totalidad o parte de los servicios prestados.

ACTOR	¿QUIÉN ES?	¿CÓMO NOS AYUDA?	ESQUEMA DE PRECIOS
Organizaciones de Mercadotecnia de Destino, OCVs, DMOs[14]	Organizaciones sin fines de lucro (frecuentemente de fondo mixto incluyendo al gobierno) encargadas de representar un destino específico y ayudar al desarrollo local a largo plazo, atrayendo tanto turistas como eventos.	Además de proporcionarnos información sobre el destino, son un enlace con proveedores clave y hoteles, así como con recintos históricos o culturales donde se requieren permisos. Principalmente en el caso de congresos licitados, pueden dar ciertos apoyos, así como encargarse del *bidding book*[15].	No hacen un cobro por sus servicios, al no tener fines lucrativos.
DMCs (Destination Management Companies)	No son solo operadores turísticos. Son especialistas en su destino y tienen relación con una gran cartera de proveedores locales.	Contratan y coordinan localmente servicios, como traslados, tours, reservaciones en restaurantes, staff temporal, músicos, fiestas tema, *venues*, etc.	Precios netos o comisionables. Por ciertos servicios (como restaurantes), suelen cargar un management fee.
Empresas de Transportación	Aerolíneas, líneas de autobús y transportistas especializados.	Se encargan de trasladar por aire o tierra a los pasajeros de un grupo, sea con servicios privados grupales (un vuelo *charter*, un autobús, una van) o por medio de servicios individuales (traslados ejecutivos).	Algunos ofrecen tarifas comisionables. De lo contrario, podemos manejar un mark-up o cargo por servicio al cliente.
Hoteles	Establecimientos de hospedaje, de diversas categorías y estilos.	Proveen alojamiento para los participantes del grupo y/o espacios para reuniones (salones, terrazas, jardines) con servicio de alimentos.	Tarifas netas o comisionables para la agencia. Pueden hacer un cargo o management fee, si fungen como intermediarios en la contratación de otros servicios.
Recintos diversos (*venues*)	Centros de convenciones o exposiciones, salones de banquetes, jardines, y cualquier otra instalación que, sin haber sido construida para reuniones, cuenta con facilidades para ello (museos, teatros y estadios, entre otros)	Proveen espacios para la realización de la totalidad o parte del evento de un grupo, y pueden o no tener servicio propio de alimentos y bebidas, así como proveer carpas, mobiliario y otros implementos.	En algunos casos, hay comisiones, pero es más frecuente que se trate de precios netos o con algún descuento.

---

14   OCV – Oficina de Convenciones y Visitantes; OVC – Oficina de Visitantes y Convenciones; DMO – Destination Management Organization.
15   Bidding book: Herramienta impresa o audiovisual que concentra información detallada sobre la infraestructura y oferta de un destino o recinto, para promoverlo y atraer nuevos eventos.

ACTOR	¿QUIÉN ES?	¿CÓMO NOS AYUDA?	ESQUEMA DE PRECIOS
Agencias de producción y equipo audiovisual. Stands	Proveedores especializados en equipo audiovisual, staff, display y otros.	Dependiendo del perfil de la empresa, puede solo rentar equipo de audio, video, iluminación, hasta realizar toda la producción audiovisual (videos, realidad aumentada, streaming) y display (escenografía, señalización). También hay empresas que se especializan en el diseño y montaje de stands para exposiciones.	Precios netos o comisionables o con algún descuento.
Banqueteros	Proveedores de alimentos y bebidas que llevan sus servicios a domicilio, incluyendo recintos (cuando estos no cuentan con servicio propio).	Además de servir alimentos y bebidas en diferentes esquemas (desayunos, almuerzos, cenas, servicios de café, mesas de dulces, canapés…), pueden contar con mobiliario, carpas, mantelería, decoración y otros.	Lo más común son precios netos o con algún descuento.
Espacios temporales, mobiliario, decoración	Proveedores de carpas y toldos, mobiliario y decoración.	Rentan e instalan carpas o toldos de diferentes características, incluso con aire acondicionado o calefacción. El mobiliario va desde sillas y mesas, hasta salas, barras para bebidas y mesas de dulces, de diferentes estilos. La decoración incluye flores, pero también mantelería, vajillas, espejos, velas, telas y demás, para crear ambientes en un espacio determinado.	Lo más común son precios netos o con algún descuento.
Restaurantes	Establecimientos de servicio de alimentos y bebidas.	Funcionan para distintos servicios: ■ Reservaciones individuales ■ Dine around (diferentes restaurantes reservados para un mismo grupo, que se divide entre ellos) ■ Reservación grupal en un área semiprivada o privada (un salón o cava dentro del lugar) ■ Reservación de todo el restaurante En ocasiones se utilizan incluso para realizar sesiones de trabajo, adaptando su montaje.	En algunos casos hay comisiones, pero es más frecuente que se trate de precios netos o con algún descuento.

ACTOR	¿QUIÉN ES?	¿CÓMO NOS AYUDA?	ESQUEMA DE PRECIOS
Parques turísticos o temáticos	Parques con enfoque en aventura, ecología, *rallies*, experiencias vivenciales.	Hay sitios con servicios apropiados para grupos (según su tamaño) que pueden realizar las actividades del parque o alguna especial para el grupo. Permiten la convivencia e integración; algunos cuentan con espectáculos.	Precios netos o comisionables o con algún descuento.
Artistas, fiestas temáticas, entretenimiento	Artistas independientes o agencias representantes de artistas (músicos, cantantes, actores, bailarines, *performers* y otros) y empresas que diseñan fiestas temáticas.	Representan, contratan y coordinan la participación de músicos y otros artistas de diferentes disciplinas, sea para un show privado, amenizar una fiesta, etc. Igualmente, existen empresas especializadas en diseñar, ambientar y operar fiestas con temas de su cartera (caribeña, casino, circo, neón, ...) o que crean algo exprofeso para el evento, como una coreografía y *flash mobs*; a veces integran a artistas menos conocidos.	Lo más común son precios netos o con algún descuento.
Conferencistas, conductores	Independientes o agencias dedicadas a representar conferencistas y conductores con distintos perfiles.	Es frecuente integrar la conferencia de algún especialista en el tema del evento. Si se desea un conductor que ayude a mantener el ritmo de un evento, se puede integrar uno. Los hay con perfil bajo hasta celebridades.	Lo más común son precios netos o con algún descuento.
Intérpretes y traductores	Independientes o empresas que contratan intérpretes, traductores y rentan equipo para tal fin.	Proveen interpretación simultánea o consecutiva, indispensable cuando participan ponentes, conferencistas o asistentes de habla distinta al común del evento. Actualmente, es frecuente utilizar los equipos receptores para impartir conferencias o talleres en áreas semiabiertas, aislando el sonido al resto del piso, sin importar el idioma en que se impartan.	Lo más común son precios netos o con algún descuento.

ACTOR	¿QUIÉN ES?	¿CÓMO NOS AYUDA?	ESQUEMA DE PRECIOS
Team building	Empresas que desarrollan programas de integración y trabajo en equipo con diferentes enfoques o temas.	Se pueden programar eventos específicos para este fin, o integrarlos a un evento mayor, como una convención. Hay programas fundamentalmente recreativos y otros que trabajan por objetivos determinados por el cliente.	Lo más común son precios netos o con algún descuento.
Staff temporal	Free lances o empresas de coordinadores temporales o edecanes y/o modelos.	Edecanes y modelos suelen utilizarse en stands o como recepcionistas en eventos. Seguridad, animadores, valet parking son otros servicios comunes. Si el Meeting Planner no cuenta con personal operativo suficiente, conviene que contrate coordinadores especializados en eventos, para cubrir los diferentes actos de estos.	Lo más común son precios netos.
Servicios de diseño e impresión	Diseñadores e impresores independientes; empresas de comunicación y mercadotecnia.	Pueden desarrollar toda la imagen de un evento o campaña, homologando el look & feel de toda la comunicación utilizada en diversos canales.	Precios netos dependiendo de la complejidad del proyecto. Algunas agencias cuentan su propio departamento de diseño.
Tecnología	Proveedores de registro in situ y en línea, apps para eventos, herramientas interactivas, plataformas para streaming y eventos virtuales; sistemas de gestión de eventos.	■ Desarrollo de sitios web y apps para pre-registro en línea y registro en sitio. ■ Aplicaciones que integran agenda del evento, plano del piso de exposición, sistema de citas de negocios, información de expositores, etc. ■ Herramientas de realidad virtual, realidad aumentada, inteligencia artificial, gamificación, votación y similares. ■ Plataformas para videoconferencias, webinars, transmisión en vivo (live stream), e incluso exposiciones o congresos virtuales en su totalidad. ■ Sistemas que permiten la cotización, planeación y operación de todos los eventos de un organizador.	Lo más común son precios netos que mejoran dependiendo del volumen, cantidad de participantes o duración de los eventos.

ACTOR	¿QUIÉN ES?	¿CÓMO NOS AYUDA?	ESQUEMA DE PRECIOS
Artículos promocionales y obsequios corporativos	Distribuidores de artículos promocionales, empresas que distribuyen artículos artesanales, etc.	En eventos, como exposiciones y convenciones, suele hacerse entrega de artículos con la imagen de la marca, que van de acuerdo con el perfil del grupo. Conviene sean objetos útiles. En incentivos u ocasiones especiales, se buscan obsequios corporativos, de una gama más elevada que los anteriores. En ambos casos vale la pena explorar opciones sustentables.	Lo más común son precios netos o algún descuento por volumen.
Otros	La lista puede ser interminable, pero algunos de los proveedores son gafetes, plantas de luz, estaciones para carga de celulares y organizaciones que te apoyan para neutralizar la huella de carbono de los eventos.		

Cada evento es diferente, tiene necesidades particulares y, créeme, ocasionalmente te encontrarás buscando proveedores para las cosas más insólitas. Así que estos actores que he mencionado no son más que una guía para que amplíes tu horizonte. Serás tú quien agregue tantos eslabones como sea necesario. Todo dependerá también del enfoque de tu negocio o trabajo.

1.4   ¿CÓMO NOS AGREMIAMOS?

Como en toda industria, los Meeting Planners necesitamos quién nos represente para obtener beneficios comunes y avanzar ante las autoridades; también, quién encauce esfuerzos para crear y obtener estándares, capacitación y representatividad ante entidades más elevadas. Asimismo, la interacción entre los diferentes actores requiere un conocimiento general de cómo funcionan, para colaborar y apoyarse.

Enseguida, encontrarás los principales organismos y asociaciones internacionales, así como los que tienen sede en México. También menciono las certificaciones que imparten con reconocimiento internacional. En cada caso, hallarás el enlace que te llevará a su sitio web, si deseas averiguar más al respecto.

A. ORGANISMOS

OMT   **Organización Mundial del Turismo**
https://www.unwto.org/es
Como organismo de las de las Naciones Unidas, considera a la Industria de Reuniones dentro del rubro de Turismo de Negocios, que forma parte de su área de gestión. Colabora con otros organismos, como ICCA para proveer educación y estadísticas.

EIC   **Events Industry Council**
https://www.eventscouncil.org/
Conglomera a más de 30 organizaciones involucradas en la Industria de Reuniones (varias están mencionadas en esta lista). Tiene cuatro programas insignia: Sostenibilidad, Perspectivas de la Industria (Insights), Conocimiento y Liderazgo. Conduce investigaciones, desarrolla estándares y mejores prácticas (Events Industry Council Templates, antes APEX) y tiene el programa **Certified Meeting Planner** (**CMP** https://www.eventscouncil.org/CMP/About-CMP), que promueve estatus, credibilidad y estándares.
Asimismo, tiene el **Sustainable Event Professional Certificate Programme**, enfocado en sostenibilidad (https://www.eventscouncil.org/Sustainability/SEPC).

COMIR   **Consejo Mexicano de la Industria de Reuniones**
http://www.comir.org.mx/
Integra y representa a los diferentes actores de nuestra industria ante las autoridades del gobierno local y federal del país, para procurar beneficios y gestiones de las políticas públicas.

B. ASOCIACIONES

AMDEMAC **Asociación Mexicana de Destination Management Companies**
http://www.amdemac.org/
Agrupa a DMCs (Destination Management Companies) en México, con fines de orden, reglamentación, capacitación y promoción.

AMDEM   **Asociación de Mercadotecnia de Destinos de México** (antes ANDOC)
https://www.facebook.com/marketingamdem/
Une a organismos de promoción turística del país: fideicomisos, OCVs, OVCs, DMOs[16], con el objetivo de capacitación, intercambio de ideas y proyectos públicos y privados.

---

16   Ver nota 14

AMEREF
Asociación Mexicana de Recintos Feriales
http://ameref.com.mx/
Tiene el objetivo de impulsar, promover y desarrollar recintos feriales, congresos, convenciones, ferias, exposiciones y todo tipo de eventos colectivos en el país.

AMPROFEC
Asociación Mexicana de Profesionales en Exposiciones, Ferias y Convenciones
http://www.amprofec.org/
Integra a empresas especialistas en el ramo de las exposiciones y ferias, con fines de capacitación, networking y beneficios comerciales para miembros.

GBTA
Global Business Travel Association
http://www.gbta.org/
Tiene capítulo en México: https://www.gbta.org/membership-and-communities/chapters-and-regions/latin-america
Asociación internacional que reúne a la industria de viajes de negocios, con más de 9,000 profesionales (viajes empresariales, incentivos y reuniones), quienes acceden a capacitación, investigación y networking.

IAEE
International Association of Exhibitions and Events
https://www.iaee.com/
Tiene capítulo en México: http://www.iaee.mx/
Agrupa a profesionales de 52 países, quienes realizan y apoyan exhibiciones, congresos y convenciones. Provee información, educación, networking y cuenta con el programa **Certified in Exhibition Management** (**CEM** http://www.iaee.mx/acerca-de-certificacion-cem/).

IAPCO
International Association of Professional Congress Organisers
https://www.iapco.org/
Agrupa a Professional Congress Organisers (PCOs) con el fin de elevar los estándares de servicio, a través de la educación y la interacción de sus miembros y otros profesionales de la industria.

ICCA
International Congress and Convention Association (tiene un comité en México)
http://www.iccaworld.org/
Es una comunidad global y centro de conocimiento e información para la Industria de Reuniones internacional, especializándose en las reuniones de asociaciones (como congresos). Agrupa mercadotecnia de destinos, organizadores de reuniones, soporte, transportación y venues.

MBTA   **Mexico Business Travel Association**
https://mbta.com.mx/quienes-somos/
Reúne a los gestores de viajes de las compañías y a los organizadores de eventos corporativos, con los proveedores; facilita educación, networking y negocios.

MPI   **Meetings Professional International**
https://www.mpi.org/
Tiene capítulo en México:
https://www.mpi.org/chapters/mexico
Reúne a profesionales de reuniones y eventos de 75 países con fines educativos, de networking e intercambios comerciales. Tiene el programa **Certificate in Meeting Management (CMM** https://www.mpi.org/education/academic-partnerships/ certificate-meeting-management), enfocado en iniciativas estratégicas y procesos de toma de decisión, combinando educación en línea, presencial y el desarrollo de un proyecto. También ofrece programas y certificaciones con otros enfoques, como diseño de eventos, inclusión, sostenibilidad.

PCMA   **Professional Convention Management Association**
https://www.pcma.org/
Tiene capítulo en México: https://mexico.pcma.org/
Está presente en 37 países, agrupando estrategas de reuniones de negocios, tanto Planners como proveedores. Ofrece diversas opciones de educación, incluyendo el programa **Digital Event Strategist** (**DES**, certificación y/o curso enfocado en eventos virtuales https://www.pcma.org/products/des/)

PCO MM   **PCO Meetings México**
https://www.pcomeetingsmexico.org/
Asociación mexicana que agrupa a las empresas más importantes del país, cuya actividad principal es la organización de congresos, eventos corporativos y viajes de incentivo, promoviendo la cultura de profesionalización y la comunicación con los diferentes actores del sector. Creó el Sello PCO como un distintivo que avale la experiencia y competitividad de organizadores y proveedores.

SITE   **Society of Incentive Travel Excellence**
http://www.siteglobal.com/
Tiene capítulo en México: https://www.site.org.mx/
Es la asociación presente en 90 países, que agrupa a profesionales de viajes de incentivos, a través de toda la cadena de valor (agencias, aerolíneas, líneas de crucero y demás). Apoya la investigación y la educación; cuenta con dos certificaciones

(https://www.siteglobal.com/page/certification): **Certified Incentive Specialist** (CIS, para profesionales noveles) y **Certified Incentive Travel Professional** (CITP, para profesionales de nivel medio o senior).

¿Formas parte de alguna de estas asociaciones o has identificado la que puede funcionarte mejor?

Siempre que tengas oportunidad de afiliarte, formar parte activa de una asociación te ayudará a obtener educación y facilitar tus relaciones con colegas, proveedores o clientes, de modo que lograrás estar actualizado ante lo que sucede en tu entorno. No obstante, la mayor parte de estas agrupaciones cuentan con información, estudios o webinars gratuitos a los que puedes acceder a través de sus sitios web o redes sociales. Procura dedicar algo de tiempo para estar al día.

NOTA: En algunos casos, he incluido el enlace al sitio mexicano, pero si te ubicas en otro país, en los sitios de cada asociación podrás localizar si cuentan con un capítulo al que puedas afiliarte.

Me gusta contemplar lo grande e impresionante que es la Industria de Reuniones, la capacidad que tiene para crear, para reinventarse, para ser un factor de desarrollo en muchos sentidos, para incidir en el cambio. Este fue solo el principio. Confío en haberte logrado transmitir un poquito de lo que este Mágico Mundo significa, integra y exige, para que comiences a abrazarlo o abrazarlo más de lo que ya lo haces.

En 2020, nos tocó vivir una etapa compleja y de incertidumbre, que generó un gran impacto en aspectos sociales y económicos a todos los niveles. Lo que dejó claro ese período es que nuestra industria se afectó profundamente. Al cancelarse toda posibilidad de reuniones presenciales, lo virtual comenzó a conformarse como una opción fuerte, más allá de una junta de oficina.

No obstante, la resiliente Industria de Reuniones sabe levantarse las veces que sean necesarias, impulsándonos a encontrar nuevas fórmulas. Donde las reuniones presenciales se retomaron, lo hicieron bajo numerosas medidas de seguridad e higiene, que respetan la distancia social y la menor manipulación de alimentos.

Este libro tiene el objeto de profundizar en las bases que, independientemente de cuántas sillas puedas montar, son los cimientos de cualquier evento.

Antes de pasar a aspectos más técnicos, hagamos una escala en el factor que hará que una poción pueda o no crearse: **TÚ**. En el siguiente capítulo, te ayudaré a tomar conciencia sobre tu ser y hacer cotidiano. ¡Allí te espero!

CAPÍTULO 2.

DE MEETING PLANNER
A ALQUIMISTA
DE EVENTOS

2. DE MEETING PLANNER A ALQUIMISTA DE EVENTOS

2.1 ¿QUÉ TIENE DE ESPECIAL UN MEETING PLANNER?

Un Meeting Planner es un ser mágico multidisciplinario, híper adaptable y casi superhéroe, que se encarga de negociar, supervisar y organizar todos los aspectos de un evento: desde que el cliente proporciona un *brief*[17], hasta el cierre del evento mismo.

No es que sea algo del otro mundo (bueno, modestamente... sí, un poquito), pero es una realidad que necesitas un cúmulo de características y habilidades que no siempre son fáciles de reunir, especialmente si lo que se busca es que el sector efectivamente se profesionalice.

A.   CONOCIMIENTOS DESEABLES (por decir lo menos)

- **Formación académica**. Preferiblemente afín al Turismo (Administración de Empresas Turísticas, y sus variables o especializaciones en Hospitalidad, Hotelería, Eventos, entre otros), Relaciones Públicas, Comunicación o Marketing, aunque hay quienes provienen de otras disciplinas, y lo han hecho muy bien.
- **Idiomas.** Suponiendo el español como tu lengua materna, el dominio del inglés es esencial. Mejor si adquieres otros, como alemán o francés en Europa, o el mandarín, que es cada vez más común.
- **Turismo en general.** Es importante que conozcas de hoteles, aerolíneas, agencias de viajes, atracciones, pasaportes y visas, patrimonio turístico... Mucho de esto lo utilizarás en tus eventos.
- **Geografía turística.** Debes poder ubicar cuáles son las ciudades cercanas o accesibles para un grupo determinado. Si tu grupo busca sol y pretendes enviarlos de incentivo, en traje de baño, al otro hemisferio (donde es invierno), no funcionará.
- **Gastronomía.** No es que debas saber todas las recetas, pero conviene que tengas una noción de las tendencias y cómo son los alimentos de tal o cual país o región, sea porque llevarás un grupo o porque estás proponiendo una noche tailandesa para participantes de la tercera edad. Prueba todo lo que puedas: ¡aprendes y es delicioso!
- **Política.** Si bien es buena idea evitar discusiones sobre temas políticos en la mesa, es importante que te enteres acerca de posibles conflictos desarrollándose en alguna ciudad o región, porque pueden alterar tu planificación.

---

17   Brief: resumen del perfil y requerimientos del evento, incluyendo perfil de los participantes, objetivo, antecedentes, etc.

- **Cultura y religiones.** Es factible tener que tratar con invitados foráneos o llevar a un grupo a otras latitudes. Ser consciente de la forma distinta de hablar, saludar, vestir o comer, te ahorrará conflictos.
- **Diseño (gráfico, de interiores) y decoración.** Eres el primer filtro para muchos trabajos, como el diseño de una invitación, el acomodo de una sala, la iluminación de una terraza y todo dentro de los parámetros de la imagen corporativa de tu cliente. Más vale que desarrolles un buen gusto y que comprendas qué le agradaría a tu cliente ver.
- **Conocimiento digital.** En esta era es más que obvio, pero tanto para proponer nuevas tecnologías como para comunicarte con otros (que a veces son *geeks*[18]), procura tener la mente abierta y facilitarte la vida. Mejor si manejas plataformas para gestión de eventos, pero indispensable es el dominio de ofimática (software para que puedas elaborar presupuestos, documentos y presentaciones correctamente, así como enviar un correo electrónico).
- **Medios de comunicación, redes sociales y mercadotecnia.** Especialmente si los eventos que organizas no son internos y requieren de promoción.

B.   HABILIDADES BLANDAS IMPRESCINDIBLES

Tener conocimientos no basta: debemos saber cómo aplicarlos asertivamente.

- **Relaciones públicas.** Independientemente de cuál sea tu función en el proceso (sobre todo si formas parte de una organización grande), MUCHO de tu trabajo requiere tratar con la gente, de uno u otro lado de la línea (como proveedor o como cliente). Sé empático.
- **Comunicación.** Además de llevarte bien con todo el mundo, es esencial que seas capaz de comunicar un mensaje claro, en tiempo y forma.
- **Trabajo en equipo.** Necesitas un engranaje para avanzar hacia un objetivo común. No hay forma de que un evento resulte exitoso si no haces equipo con tu cliente, con tus colegas, con tus proveedores y hasta con el de Tesorería, encargado de realizar los pagos.
- **Planificación y organización.** Hacer magia suena bonito, pero requiere de una cuidadosa planificación, de colocar las piezas en donde deben estar y a tiempo. Lo que no estipulas, no sucederá. De esto hablaremos en el *Capítulo 5*.
- **Toma de decisiones.** Desde qué sedes propondrás, pasando por el menú a servir, hasta en qué momento lanzar los fuegos artificiales, tomas pequeñas decisiones. Lo haces durante todo el proceso. Lo importante es que estén bien informadas y fundamentadas, y en línea con lo que tu cliente (o tu empresa) espera.

---

18   Geek: término utilizado popularmente para referirse a la persona fascinada por la tecnología y la informática.

- **Orientación al cliente.** Al final, todo tu empeño es para que tu cliente esté feliz, para que lo lleves a su objetivo y para que quiera seguir trabajando contigo.
- **Orientación a resultados.** Esto aplicado tanto en los objetivos del evento, como en los de tu empresa (o en los tuyos, si eres independiente).

C. LO QUE AGREGA UN ALQUIMISTA

En nuestro caso, para que el Meeting Planner aspire a ser un Alquimista de Eventos, necesita todo lo anterior y un poquito más. Ampliaremos todo esto en los últimos capítulos, pero completa la lista con lo siguiente:

- **Capacidad de análisis.** Tu trabajo no consiste en tomar pedidos. Comprende el valor de analizar lo que el cliente te está solicitando, lo que tu proveedor te propone, las posibles soluciones para una necesidad determinada.
- **Atención a los detalles.** Donde menos lo pienses puede estar la clave para que tu evento sea o no un éxito.
- **Negociación.** Necesaria para encontrar un ganar-ganar para todos y procurar los objetivos de todas las partes (tus proveedores incluidos), así se trate de resolver una emergencia en pleno evento.
- **Proactividad.** Estar preparado e informado también te permitirá ver más allá de lo que te solicitan, así como proponer y mejorar, anticipándote a las necesidades.
- **Previsión y prevención.** De la mano con los puntos anteriores, debes advertir riesgos y tomar medidas anticipadas para evitar daños. Dicen: "siempre espera lo mejor, pero prepárate para lo peor".
- **Capacidad de reacción.** Todo lo planificaste perfecto, pero SIEMPRE habrá imprevistos. Debes prepararte para resolver cualquier cosa en cualquier momento.
- **Adaptabilidad.** La única constante es el cambio y, tratando con gente tan diversa todo el tiempo, lo mejor que puedes hacer es adaptarte a las circunstancias. Esto y ser paciente te salvarán de una úlcera gástrica.
- **Tolerancia al estrés.** A pesar de normas de trabajo emergidas en pro de la salud del trabajador, lo cierto es que este negocio implica estrés (casi) todos los días.
- **Compromiso.** Aplica en todo sentido: tú, tu empresa, compañeros, clientes, proveedores.
- **Psicología.** Sí, en un ambiente de constante estrés, es indispensable que en ocasiones funjas como psicólogo, ya sea con un cliente, un participante, un colega, un chef... Será útil que aprendas un poco sobre el comportamiento humano y procures la empatía. ¡Escucha!
- **Aprendizaje continuo.** El beneficio será primero para ti. Luego, para todos los involucrados en el proceso de tus eventos.
- **Dedicación y pasión.** TODOS los puntos anteriores te parecerán dignos de odio o amor, según sea tu capacidad para abrazar este mundo.

Considera algo importante: No todos los Meeting Planners funcionan para todas las actividades en el proceso. No te sientas frustrado. Sí, es primordial que te adaptes y seas versátil, especialmente en organizaciones pequeñas o cuando hay gran carga de trabajo. No obstante, probablemente seas una persona que hace una planeación maravillosa de todos los detalles, pero no te desenvuelvas muy bien en el contacto directo con los participantes. O que se te dé excelente la generación de ideas, pero no seas el mejor para llevar el control de los gastos.

Siempre que sea posible, procura ocuparte donde tengas mayor facilidad, donde más brilles y aportes a la organización. Aun así, no dejes de aprender para fortalecer tus puntos débiles; la mayoría de lo que necesitas lo puedes adquirir con estudio y práctica. Nunca sabes a dónde te puede llevar la vida para presentarte otras oportunidades.

2.2   LA RELACIÓN CON...

¿Por qué incluyo este punto, que no es exclusivo de la Industria de Reuniones? Sencillo: esta es una industria de gente, de relaciones interpersonales, de encontrarse, de colaborar. Mucho es determinado por tu propia personalidad, tu formación, tus experiencias previas en otros empleos, pero si logras mantener una buena actitud hacia los demás, te resultará mucho más alcanzable la magia.

A veces, tendemos a enfocarnos en una sola dirección, pero lo cierto es que un **Alquimista de Eventos es también un ser simbiótico.** Dependes de muchas personas para llegar a tus objetivos, sin importar si un sujeto resulta o no de tu agrado. Recuerda: forman parte de un engranaje.

Lo que leerás a continuación no es una fórmula, sino mi perspectiva acerca de lo importantes que son nuestras relaciones con todos los que nos rodean.

A.   EL EQUIPO

Aunque suene reiterativo, formas parte de un equipo, a menos que seas un Meeting Planner independiente, donde haces equipo con socios comerciales. Entonces, como sea que se llame tu área o grupo en la empresa o agencia, y cualquiera que sea tu puesto, incluso, si solo vas de free lance a un evento, todos tienen objetivos comunes. ¡Entérate de cuáles son! De otro modo, solo navegarás junto con el resto o hasta en contra del resto. Si conoces el destino, podrás no solo trabajar en ello, sino hacer propuestas de mejora.

Como seres humanos, es común que haya miembros de un equipo que no simpaticen. No tienen que volverse amigos si no se da la situación, pero seguirán formando parte de un grupo colaborador. Así que promueve el respeto y la cordialidad, aunque no almuercen juntos, ni salgan de fiesta. Por el contrario, si son cercanos, evita que los aspectos laborales se vean afectados, si un mal día se disgustan o si sientes que puedes hacer caso omiso del trabajo que te correspondía hacer. Amistades estrechas se forjan en la relación cotidiana, pero respeta los aspectos propios de cada ámbito.

Igualmente, si detectas que uno de tus compañeros comete un error, no conoce a un contacto para cotizar un servicio, no sabe cómo resolver un problema o está atrasado con un proyecto, ¡apóyalo! La filosofía de "a mí nadie me enseñó" no los llevará a ningún lugar lindo, pero sí la de "hoy por ti, mañana por mí". Compartir conocimiento, así como responsabilidades, forma equipos fuertes. ¿Has escuchado eso de que un equipo es tan fuerte como el más débil de sus integrantes? Definitivamente, tampoco se trata de promover la holgazanería. Y si tú eres quien no sabe o no puede, ¡pide ayuda!

B. EL JEFE

Algunos gustan de sobrevender sus capacidades o habilidades en las entrevistas de trabajo, para impresionar a su jefe potencial y lograr la contratación. Lamentablemente, la verdad siempre sale a la luz, y lo peor es que sucederá en el momento menos conveniente. Así que sé honesto desde el principio y no busques responsabilidades que estén muy lejanas a tus habilidades.

Si no sabes hacer algo, tu jefe te explicó alguna cosa y comprendiste la mitad o se te pasó una fecha límite y necesitas apoyo con el proveedor… ¡díselo! Entiendo que también hay todo tipo de jefes y quizá el tuyo sea un ogro, pero mejor confesar a tiempo y resolver algo con oportunidad.

Lo más probable es que tu jefe tenga un cúmulo de cosas que atender por sí mismo, así que tampoco vayas a importunarlo cada dos minutos, o seas el que siempre se olvida de las cosas, o el que solo le lleva problemas sin soluciones. ¡Pon de tu parte! A (casi) ningún jefe le gusta ser niñera de sus subordinados. Recuerda: se requiere de un engranaje eficiente para llegar a los objetivos.

Por último, aunque tu jefe sea o se convierta en tu amigo, sigue siendo tu jefe. Sus instrucciones o solicitudes suelen tener un fundamento y no debe justificar contigo cada uno de sus pasos, a menos que verdaderamente la situación lo amerite. Si con algo no concuerdas, extérnalo, pero respeta la autoridad que le haya sido asignada, porque es responsable también por ti.

Y si, por el contrario, tuviste la mala suerte de tener un jefe que llegó al puesto sin tener las capacidades o habilidades necesarias, tendrás que prepararte más y ser más proactivo. Al final, las responsabilidades que se te asignan son eso: tus responsabilidades, y lo que se espera de ti son resultados.

C.   LOS SUBORDINADOS

Primeramente, espero que no seas el jefe que llegó allí por pura suerte o contactos. En cualquier caso, la idea es que estemos en continuo aprendizaje para alcanzar otros horizontes y mejorar con constancia.

Lo más probable es que tus subordinados (permanentes o temporales) esperen de ti liderazgo, y no a alguien que solo les encargue el café o las tareas que le disgustan. Detecta las habilidades de cada quien y procura asignarles las actividades más coincidentes. Capacítalos o promueve su capacitación; corrígelos cuando sea necesario, porque lo importante es seguir el rumbo correcto en conjunto, tanto en un evento en particular, como en el día a día.

Si a la vez tú reportas a otros niveles, probablemente buscarás crecer. Pero no solo bastará solo con que tú crezcas, necesitarás a alguien que crezca en la dirección donde tú te encuentras. ¿Ves la importancia de compartir el conocimiento hacia abajo también?

Igualmente, vela por incrementar los beneficios para el equipo. Pero te diré un secreto: es más sencillo cuando entregas resultados a cambio. ¡Comprométete!

Aquí permíteme hacer un paréntesis: forma un equipo de diferentes perfiles y abraza sus particularidades. En mi experiencia personal, puedo decirte que en el equipo más grande que he llegado a tener, había diversidad de género, recién egresados, experimentados, extrovertidos, menos extrovertidos, prácticos, metódicos, formales, irreverentes, mamás... Cada uno aportó sus talentos de diferente forma, pero procuré hallar algo en común: actitud para unirse al equipo y dar un excelente servicio, disposición para aprender y compromiso. La mayoría resultó un acierto en el grupo. ¿Qué equipo necesitas tú?

D.   EL CLIENTE

Punto muy importante: TU CLIENTE SIEMPRE SERÁ TU CLIENTE. Si es tu amigo o si no resulta de tu agrado; si se conocen desde hace tiempo o apenas te lo presentaron; si es más joven o viejo que tú... Tu cliente siempre será tu cliente.

¿Por qué enfatizo esto? Porque hay una delgada línea que no deberás cruzar y que, independientemente de su relación personal, te mantendrá del lado correcto para respetar su persona, su empresa u organización, los objetivos del evento, así como cumplir tus compromisos adquiridos.

Evita que una relación personal estrecha relaje tu compromiso para cumplir lo que te corresponde, sea un evento, una fecha, un dato. Avisa si no puedes, pregunta si no sabes, pide una prórroga si no llegarás.

Ahondaré en esto en el *Capítulo 5*, cuando hablemos de la confianza.

E. LOS PARTICIPANTES

Mención aparte merecen los asistentes a un evento. Te preguntarán de todo, te pedirán de todo, se olvidarán de muchas cosas... pero no de la experiencia que vivieron, si la disfrutaron o la sufrieron de inicio a fin.

Desde cuestiones muy básicas como dónde se encuentran los baños, a qué hora será el receso, pasando por dónde pueden hallar su confirmación de registro, o haber dejado su equipaje en el aeropuerto, porque pensaron que alguien lo recogería por ellos... Quienes hemos estado en operación, tenemos cientos de anécdotas al respecto. Procura ponerte en su lugar, especialmente si provienen de otra ciudad, si son personas mayores o con discapacidades, o no parecen tener mucha experiencia en asistir a eventos. Ayúdalos con todo lo que esté en tus manos o canalízalos con quien pueda hacerlo. Tú formas parte de su experiencia.

F. LOS PROVEEDORES

Las relaciones sanas corren en ambos sentidos. Lo obvio es que pienses esto con respecto a tu cliente o tus compañeros, pero también aplica hacia tus proveedores. Al final, son ellos quienes prestan los servicios que contratas en favor del evento o del cliente, y con frecuencia te sacan de apuros; así que una relación desfavorable aumenta el riesgo de tu evento en sí.

No compartirle información valiosa, reportarle cambios que te pidieron desde hace tres días, y decirle que te acabas de enterar son ejemplos de malas prácticas. Tan grave como olvidarte de pagarle en tiempo y forma, según lo que hayan acordado.

Asimismo, si bien deberás buscar las mejores condiciones y elegir la mejor opción, no solo en beneficio de tu evento, sino de tu empresa o agencia, tampoco se trata de que exprimas hasta la última gota de bondad de tu proveedor, para que seas tú como intermediario quien se lleve todas las ganancias. Sé justo, tal como esperas que tu cliente lo sea contigo.

De manera similar a lo que sucede con tu cliente, aunque tu proveedor sea tu amigo, no tiene la obligación de regalarte sus servicios; él asimismo tiene un negocio que cuidar. ¡Ah! También evita verlo como un Santa Claus que te deberá llenar de obsequios e invitaciones solo porque le produces negocio... En muchos casos, eso se presta a malas interpretaciones (por decir lo menos).

G. LOS CONTADORES

Mala fama o no, o quizá porque es una característica en sí de su perfil, es común que el personal contable sea poco flexible y no siempre amigable. Eso les permite cumplir con las múltiples exigencias de la autoridad fiscal, cuidar que la empresa goce de salud financiera, vigilar que los clientes paguen las facturas vencidas y pagar la nómina en tiempo, entre varias responsabilidades que no siempre alcanzamos a ver. Piensa que también padecen de cierto estrés en su trabajo cotidiano.

Entre las personas dedicadas a esta labor, se encuentran tres figuras primordiales:

- Los encargados de realizar los pagos a tus proveedores. Sí, también esos pagos urgentes que solicitas para el evento que tu cliente pidió de último minuto.
- Los encargados de expedir las facturas por enviar con premura tu cliente para el evento urgente, o esa que olvidaste solicitar, en el único día de la semana en que se podía ingresar.
- Los encargados (por parte del cliente) de pagar las facturas por los eventos gestionados por tu agencia.

Es frecuente que áreas administrativas y operativas choquen, unos por procesos y los otros por urgencias. Sobra explicar mucho más. Solo diré que ya imaginarás qué pasa si no procuras seguir los pasos y guardar una buena relación con ellos. Nuevamente, el respeto y la cordialidad te ayudarán a destrabar o acelerar procesos. ¡Mejor que seas amigable tú a que insultes su proceso poco amigable!

¿Qué opinas de este capítulo? ¿Te parece que es mucho pedir o crees que hacen falta otros aspectos? ¿Eras consciente de todo lo que ya haces o sabes? ¿Descubriste por qué te sientes especial o en dónde hay un área gris por explorar? La idea no es agobiarte, sino inspirarte a crecer cada día.

Confío en que todo lo escrito en esta sección sea algo obvio y cotidiano para ti. Si no es así, me dará un enorme gusto si comienzas a considerar los comentarios que te han incomodado.

No lo olvides: el Alquimista TRANSFORMA. Estamos en tu propio proceso de transformación, para que seas no solo un Meeting Planner, sino uno profesional; y mejor, un Alquimista de Eventos.

CAPÍTULO 3.

ASPECTOS TÉCNICOS
FUNDAMENTALES

3. ASPECTOS TÉCNICOS FUNDAMENTALES

En este capítulo y el siguiente nos enfocaremos en la teoría y en lo técnico. Actualmente, existe una buena cantidad de información disponible para la capacitación de un Meeting Planner, así como certificaciones con reconocimiento internacional, webinars, blogs, estudios y demás. Sin embargo, no siempre resultan accesibles para todos, no se encuentran en nuestro idioma o hasta ahora no has indagado al respecto.

Mi intención es acercarte la información que considero indispensable. Tal vez pienses que es la parte menos sexy de este libro, mas considera que, para ser un Alquimista profesional, necesitas comunicar adecuadamente tus necesidades y objetivos. Hay que aprender a caminar antes de volar. Hay que poner los cimientos antes de levantar la casa. Conozcamos los ingredientes antes de preparar pociones efectivas.

3.1   TIPOS DE MONTAJE

Con el tiempo, y según normativas como las de protección civil o autoridades sanitarias, puede ser que los parámetros se ajusten, como las medidas que separan cada asiento, la cantidad de pasillos, el aforo, sea por algún período o de manera permanente. No obstante, estos son los tipos de montaje más utilizados.

Auditorio o teatro

Sillas acomodadas en filas, sin mesas, de frente a un escenario o ponente.
Variantes: semicircular o en forma de V (o espiga), con un pasillo central).
Útil para ponencias no tan largas, donde los participantes no requieran un espacio para notas o laptop.

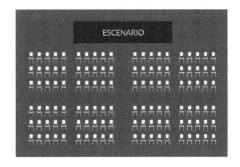

Escuela

Mesas en filas con sillas solo del lado que mira al escenario o ponente.
Variante: en V, con un pasillo central.
Útil en ponencias y cursos donde los participantes requieren tomar notas o colocar algún equipo de cómputo.

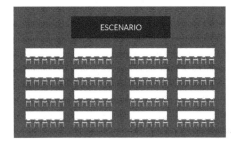

Herradura o U

Mesas dispuestas en forma de U, con sillas colocadas en el lado exterior (hacerlo en el lado interior es poco común). No hay escenario, aunque puede haber pódium y pantalla.

Útil para grupos de máximo 50 participantes, donde requieren discutir entre sí. La cabecera es utilizada por los miembros de mayor rango o que conducen la reunión.

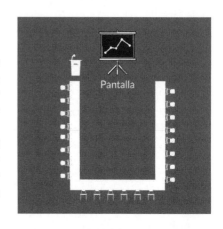

Banquete

Mesas redondas o cuadradas o una combinación de ambas, con sillas alrededor. Según el tamaño de la mesa y las sillas, caben entre ocho y 12 personas, pero esto depende de las normas y también de la preferencia del cliente.

Útil para servicio de alimentos; puede o no incluir escenario, pista de baile y otros elementos.

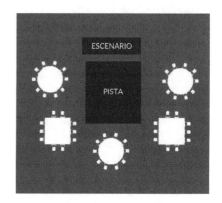

Cabaret o media luna

Similar al montaje tipo banquete, pero evitando sillas que den la espalda al escenario o ponente; acomoda entre seis y ocho personas. Muy útil para cambios rápidos de montaje sesión-banquete o banquete-sesión.

Nota: Cabaret también puede ser un montaje con mesas de coctel y sillas de frente a un escenario.

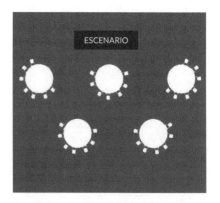

Consejo

Mesa ovalada o rectangular con sillas en ambos extremos y costados. Es frecuente que los recintos y centros de negocios cuenten con salas de consejo, con una gran mesa rodeada de sillones ejecutivos.

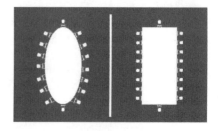

Mesa rusa

Mesas en forma de cuadro o rectángulo con sillas alrededor y un espacio vacío al centro. Las esquinas pueden redondearse utilizando mesas serpentinas o de un cuarto. No es útil si habrá proyección, salvo que se coloquen diversas pantallas alrededor o al centro a nivel de piso.

Mesa imperial

Mesa armada con tablones que conforman un gran rectángulo, alrededor del cual se colocan sillas. No es útil si habrá proyección, salvo que se coloquen diversas pantallas alrededor.

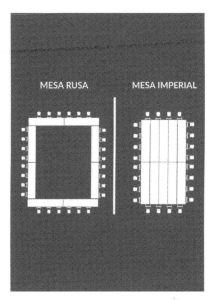

Círculo hueco

Acomodo de mesas y/o sillas de frente entre sí, en un solo círculo. Útil para ciertos esquemas de trabajo en equipo.

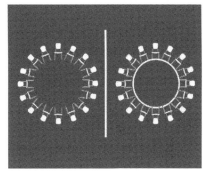

Coctel

Acomodo de mesas de coctel bajas (unos 75 cm de altura) con sillas; o mesas de coctel altas (también conocidas como mesas periqueras, de unos 105 cm de altura), con o sin bancos. Adecuado para eventos sociales, con asientos para 60 a 80 % de los participantes para favorecer el flujo e interacción. También se puede utilizar para una presentación corta, considerando entonces asientos para todos.
Variante: lounge, utilizando salas combinadas o no con mesas.

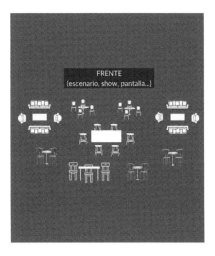

Las tendencias actuales promueven espacios flexibles, que permitan a los equipos trabajar de manera más dinámica. Por ejemplo, para una conferencia, lo más tradicional sería un montaje tipo auditorio; sin embargo, cada vez es más común ver mobiliario lounge de diferentes estilos mezclados. O bien, podrías montar un auditorio con sillas novedosas.

Hoy, los modelos donde la gente se sienta a escuchar y tomar notas de un mensaje que solo recorre una vía ya no son favorables. Quizá el grupo prefiera promover la interacción, trabajar en equipos, hacer networking o sostener una discusión más distendida. Para ello, mesas redondas, salas o espacios abiertos pueden funcionar mejor, así como mobiliario que puedan reorganizar rápidamente ellos mismos.

Igualmente, existen centros de negocios donde pequeños grupos de trabajo pueden incluso escribir en las paredes, o tener sillones y periqueras; espacios donde puedan echar a volar la imaginación y colaborar de manera más confortable y dinámica.

3.2 AMBIENTACIÓN DE EVENTOS

La **decoración** no solo se aplica en las bodas, también en los eventos corporativos o en los eventos sociales comprendidos dentro de un congreso. Por supuesto, en un evento empresarial o patrocinado, se debe atender a los colores y valores de la marca y mantener cierta mesura con respecto a los elementos decorativos. No obstante, también resulta conveniente estar atento al color de año que presenta Pantone[19], o qué tipo de montaje conceptual está de moda.

Si bien en algún tiempo las fiestas casino, pirata y mexicana fueron el pan de cada día, no es que hoy no se utilicen, pero existen elementos que las han estilizado. Procura olvidarte de esos *props* gigantes de cartón y elementos obvios que ya hasta lucen desgastados. Es más, la decoración muchas veces deja pasar los temas y favorece conceptos más flexibles; es más un estilo que un tema en sí.

Tu creatividad y la de las empresas de decoración pueden prestarse para crear ambientes elegantes, personalizados, naturales o divertidos. Se pueden integrar elementos combinables, de modo que, si tienes una cena en una playa caribeña, no te quedes solo con decoración de piratas. Pon la imaginación de todos a trabajar; seguramente podrán crear algo más memorable.

No todo es la decoración. Define qué deseas que los participantes vean, huelan, escuchen, sientan. Crea un ambiente especial, que cuente una historia completa.

---

19   Pantone provee estándares de color con un lenguaje universal al que pueden acceder diseñadores, impresores y fabricantes. El Pantone Color Institute no solo trabaja con marcas para desarrollar sus estándares, sino que investiga y establece tendencias para las temporadas venideras: www.pantone.com

En el diseño de la ambientación, estos son algunos de los **ingredientes** que puedes considerar:

- Color.
- Aromas (aromaterapia, flores, inciensos).
- Música (si tu audiencia son jóvenes en una terraza citadina, tal vez la mejor idea no sea llevar una marimba).
- Iluminación (luces, velas, antorchas, lámparas; cálida o fría; natural o artificial).
- Flores (centros de mesa, paredes, arcos, colgantes).
- Mobiliario (abarca piezas especiales, libreros, pedestales y otros elementos llamativos).
- Mantelería, vajillas, cristalería, plaqué, servilleteros. Existen múltiples estilos que ayudan a redondear lo que deseas crear. (Vaya, si puedes, evita en estos dos puntos el mantel blanco del hotel, con la misma silla que usaste en la sesión de la mañana y los platos del buffet del desayuno).
- Otros elementos como muros temporales (por ejemplo, una pared con un jardín vertical), telas, biombos, mamparas.

Estos son algunos de los **estilos** más comunes:

- **Boho.** Utiliza colores saturados (rojo, naranja, azul, marrón), neutros obscuros y blancos. Usan muchos textiles: cortinas, cojines en los sofás, elementos árabes o indios.
- **Ecléctico.** Combina elementos de distintas épocas o estilos, así como materiales. Por ejemplo, puede ser una decoración muy moderna en un lugar antiguo.
- **Ecológico.** Privilegia entornos sustentables, mobiliario de madera, telas no sintéticas, plantas naturales (los centros de mesa, por ejemplo, pueden ser pequeñas macetas pensadas para que los participantes se lleven de recuerdo).
- **Loft o Industrial.** Utiliza espacios sin elaborados recubrimientos o decoración (como aquellos donde la tubería o cableado están visibles o las paredes son de ladrillo expuesto). Combina metales o plástico, añadiendo mobiliario minimalista y elementos cálidos de iluminación o flores.
- **Minimalista.** Menos es más. Utiliza colores sólidos neutros (regularmente, blanco, negro) y quizá solo resalta detalles con otro color, como rojo. Líneas rectas, paredes lisas, mobiliario lounge, centros de mesa sencillos y elegantes.
- **Rústico.** Elije sitios como haciendas, exconventos o exteriores. Utiliza colores de la naturaleza o neutros, elementos de madera e iluminación cálida.
- **Vintage.** Aire antiguo y nostálgico. Colores claros o pastel, que aparentan cierto desgaste, elementos florales en tonos similares.

Ahora bien, los siguientes son algunos **temas** populares, que puedes incorporar; por ejemplo, en un evento de fin de año, una cena de bienvenida o clausura, premiaciones o similares:

- **Blanco y negro.** Por lo regular, para eventos formales y que requieren algo relativamente sencillo. La decoración, al igual que la vestimenta de los participantes, debe respetar los colores, pero se pueden combinar diferentes estilos. Así mismo, puede ser blanco y rojo, negro y dorado, blanco y dorado o todo blanco.
- **Carnaval.** Mucho color, performers, juegos, dulces, antifaces. Una variante es el Mardi Gras, con verdes, morados y collares, además de letreros en francés.
- **Carnaval veneciano o mascarada.** Este carnaval es más bien para un evento formal, de gala. Hay antifaces más elaborados. Puede incorporar algo de música clásica u ópera, a modo de happening.
- **Casino.** La dinámica es un clásico (mesas de juego tipo Las Vegas), pero puedes darle un giro con lo que sea que se te ocurra, caracterizar a los dealers, cambiar las cartas gigantes por iluminación espectacular, incorporar un mago (magia de cerca) u otro artista en vivo.
- **Cosplay.** Para eventos informales. Comic Con a escala, permite que los participantes se desinhiban y muestren de quién son súper fans.
- **Fuego y hielo.** Ambos elementos combinados en las mesas, el buffet, los muebles. Tonos rojos, naranjas y amarillos, con azules fríos y blancos. Una chica en llamas y la reina del hielo.
- **Glamping.** Campamento glamoroso en exteriores o en salones adaptados. Puede incorporar cortinas, fogatas (reales o falsas), estaciones de comida. Es recomendable para relajar al grupo, luego de jornadas de trabajo largas o intensas y fomentar la convivencia.
- **Hollywood o Premios Oscar.** Alfombra roja, atuendo de gala, paparazzi. Funcional para entrega de reconocimientos.
- **Luau.** Ideal para una fiesta en la playa o transformando un jardín o salón. Bailarinas de hula, show con fuego, música relajante, cocteles exóticos.
- **Mexicana.** Puede ir mucho más allá de llevar un mariachi y colocar sarapes. Hay diversos estilos de música mexicana, así como artesanías, vajillas, cocina gourmet, rituales. Puedes crear algo elegante, de época o apegarte a las tradiciones locales, incorporar juegos con el folclor de las ferias... La variedad para elegir es amplia y te alejará de los lugares comunes.
- **Neón.** Para eventos relajados. Pintura y objetos neón, luz negra, música de DJ. Hay celebraciones donde los participantes pueden pintarse la cara o partes del cuerpo para ¡brillar durante toda la fiesta!
- **Noche árabe o india.** Para grupos relajados a quienes no les moleste sentarse en enormes cojines sobre el piso y divertirse, por ejemplo, con tatuajes de henna o conversar dentro de tiendas construidas con telas.
- **Star Wars.** Este es un clásico; mejor si tienes look-alikes (actores caracterizados) o los invitados pueden disfrazarse. Permite múltiples elementos: naves voladoras, atuendos excéntricos, sables de luz, proyecciones.
- **Urbana.** Imagina que llevas a un grafitero famoso o que permites que los participantes creen sus propios grafitis sobre mamparas. Música de DJ o músicos que creen piezas en vivo de manera espontánea.

3.3 FORMATOS DE SESIONES

Por una parte, están los tipos de eventos cuya clasificación ya conocimos en el *Capítulo 1*. Pero los formatos que encontrarás a continuación se refieren al estilo en que los ponentes y asistentes interactuarán, quizá solo en una función de todo el evento, o quizá todo el evento tendrá este formato, si su duración es corta.

Estos son algunos de los formatos más tradicionales. En el siguiente capítulo, exploraremos otras técnicas de participación, que buscan fomentar el aprendizaje activo y potenciar la interacción de los participantes.

Keynote Presentation (Presentación principal)

Ponencia o conferencia, frecuentemente de apertura, que establece el tono o tema del evento para motivar a los participantes. La comunicación suele ser de una sola vía, salvo por alguna sesión de preguntas y respuestas.

Town Hall

De origen más bien político, es utilizado como un medio para abrir un diálogo entre líderes (directivos) y empleados, para responder preguntas, disipar dudas, abordar temas nuevos, como cambios importantes o nuevos procesos.

Break-Outs

Sesiones de grupos en los que se subdivide un conjunto mayor para trabajar, aprender o discutir temas específicos, separados de la sesión principal. Es posible que estos grupos solo atiendan ciertos temas, o que cada uno vaya rotando entre los diferentes salones.

Panel o Foro

Sesión donde un grupo de expertos discuten sobre un tema en la presencia de una audiencia o durante un webinar. Cada persona puede expresar distintos puntos de vista y son moderados por otra persona, que puede también introducir preguntas de la audiencia, además de las que se tengan planeadas.

Sesión de Discusión

Grupo de participantes asignados para debatir o explorar algún tema, sin que necesariamente deban llegar a un reporte formal.

Mesa Redonda

Grupo de expertos que se encuentran en igualdad de condiciones para revisar y discutir cuestiones profesionales especializadas, sea en una sesión cerrada o frente a una audiencia, que puede formular preguntas en algún momento determinado.

Fireside Chat

Traducida como "plática junto a la chimenea", es una charla informal entre un moderador y los participantes, que permite una conversación de dos vías más fluida, permitiendo que no solo hable un experto, sino que todos puedan compartir experiencias, inquietudes o puntos de vista sobre uno o varios temas.

Brainstorming (Lluvia de ideas)

Sesión grupal donde todos los participantes contribuyen con ideas creativas que no serán inicialmente juzgadas por mérito. La intención es generar cantidad, no calidad, para después elegir las viables en consecución de los objetivos.

Focus Group

Sesión que facilita este método de investigación, el cual utiliza una pequeña selección de representantes de algún *stakeholder*[20]. Es conducida por un facilitador que buscará que los participantes compartan sus pensamientos o impresiones sobre un tema o producto.

3.4   SERVICIO DE ALIMENTOS Y BEBIDAS

En una reunión, parte importante de la experiencia es el servicio de alimentos y bebidas. Sea que solo se trate de una sesión corta con un receso de café; que tengas un evento de varios días con diversas funciones; o que el foco sea una cena de gala. A todos nos agrada degustar algo rico que, aun si no representa el elemento principal, tampoco debe ser un distractor negativo de lo que es en esencia la reunión.

En términos generales, hay factores a considerar, tales como:

- ■ **Momento del día y de la reunión.** Si se programa una cena ya entrada la noche, puede no ser buena idea servir un platillo muy pesado. Si se trata del desayuno previo a una sesión, querrás darles energía para el trabajo mental y evitar provocarles sueño. Si es un coctel o cena-baile, conviene que los alimentos ayuden a controlar los niveles de alcohol.

---

20   Stakeholder: parte interesada. Cualquier individuo u organización que, de alguna manera, es impactado por las acciones de una determinada empresa. Robert Edward Freeman fue quien acuñó el término. Pueden ser internos (accionistas, empleados) o externos (clientes, proveedores, sociedad en general, entidades gubernamentales o no gubernamentales).

- **Perfil de los participantes.** ¿Son jóvenes o maduros o una mezcla? ¿Son pacientes de alguna enfermedad? ¿Hay extranjeros? ¿Son religiosos ortodoxos?
- **Perfil de la empresa u organización.** Además del presupuesto como tal, probablemente tenga ciertas políticas, como el consumo de alcohol o lo glamoroso del servicio.
- **Dietas especiales.** Pregunta en el registro si el participante tiene alguna alergia o tiene algún requerimiento especial (vegetariano, vegano, sin lácteos).
- **Gastronomía regional.** Servir platillos tradicionales puede enriquecer la experiencia, pero cuida de tener un balance, que no solo haya comida muy especiada o picante (mejor si colocas el picante aparte).
- Incluso sin tener requerimientos especiales, hay personas que suelen cuidar su alimentación, de modo que siempre es buena idea incorporar platillos saludables, como ensaladas, bajos en grasa, postres bajos en calorías.

Al igual que con los tipos de montaje, los **estilos de servicio** se pueden ver modificados temporal o permanentemente, sea como medida preventiva de higiene o para evitar aglomeraciones.

Estos son algunos de los tiempos y estilos de servicio de alimentos y bebidas más utilizados:

Desayuno

Puede ser previo a una sesión o durante la sesión. Puede ser buffet o emplatado. En cualquier caso, ¡evita alimentos muy pesados que conduzcan al participante a preferir una siesta! Si es durante una sesión (para lo cual el buffet no sería funcional), permite un tiempo para que la gente consuma los alimentos y luego ponga atención al ponente. Pero si se extiende o simplemente se sigue ofreciendo café, cuida que el servicio de meseros sea discreto; de otro modo, el ponente será ignorado o interrumpido.

Almuerzo (comida, en México)

Puede ser buffet, emplatado (el plato se lleva ya preparado a la mesa) o servido (el mesero sirve de una fuente al plato). Además de los puntos en el desayuno, probablemente se considere ofrecer vino de mesa o algún digestivo, especialmente si las sesiones no continuarán o si el estilo de la organización lo permite. En tal caso, la idea sería acompañar los alimentos, no provocar una fiesta; el servicio debería ser discreto en este punto.

Working lunch

En algunas reuniones de trabajo se maneja este formato que, generalmente, incluye platillos que pueden consumirse con relativa facilidad en la mesa de trabajo. Por ejemplo, ensaladas o pastas frías, diversidad de sándwiches, fruta o postre. Aunque lo mejor para el cerebro es dar un espacio apropiado para consumir los alimentos, es una solución cuando se tienen jornadas muy intensas.

Cena

Además de los puntos en el desayuno y el almuerzo, en la cena es más frecuente que se relajen un poco más las normas, muchas veces porque es el cierre del evento. Según el estilo de la organización, puede ser que adicionalmente al vino y digestivos, se ofrezcan destilados y cocteles, especialmente en cenas de clausura o cena-baile.

Receso de café (coffee break)

Se refiere al servicio durante una sesión o que acompaña a los recesos de esta. Puede ser un receso como tal, si el servicio se programa por un período corto (digamos, 15 a 60 minutos) o un servicio continuo, si se mantiene abierto durante toda la sesión (dos, cuatro, seis, ocho horas, por ejemplo).

Es típico que en su formato más básico ofrece café (quizá con ciertas variedades: americano, descafeinado, espresso, cappuccino) o variedades de té; artículos de panadería (galletas, pan danés, muffins), agua (embotellada o en jarras, quizá con alguna infusión) o refrescos (sodas).

También se pueden tematizar con algunos ingredientes regionales, hacerlos más saludables (jugos, fruta, barras integrales) y agregar bocadillos en ciertos momentos (como variedad de sándwiches). Es común que se sirvan nueces, almendras o pequeños dulces que estimulen el trabajo mental, especialmente cuando el servicio se coloca dentro del salón.

Dependiendo del proveedor, estos servicios se cotizan como un paquete por cierta duración, o bien, se arman con ingredientes separados, cobrados por orden o pieza.

Barras de bebidas

Según el momento y formato del evento, así como el estilo de la organización y los objetivos de la función misma, existen dos grandes opciones con sus variables, que también varían dependiendo del país.

- **Barra libre u open bar.** Se definen los tipos de bebidas y marcas incluidas, que serán servidas a demanda de los participantes. El servicio se contrata por determinado tiempo. Puede o no incluir coctelería o mixología, cuyos insumos suelen ser más costosos.

- **Cash bar.** Cada participante solicita y paga sus bebidas efectivamente consumidas. Igualmente, se establece previamente qué tipos de bebidas y marcas se ofrecerán. Es posible que por separado se cobre el servicio de barman.

- **Barra de coctelería o mixología.** En ocasiones se contratan cocteles determinados al momento de la recepción de los participantes, permitiendo que después elijan entre otras bebidas de una barra libre.

- **Barras no alcohólicas.** Existen servicios con bebidas no alcohólicas (refrescos, aguas de sabor, limonadas, jugos) que se ofrecen para acompañar almuerzos o cenas. También hay barras que incluyen una variedad de bebidas o cocteles sin alcohol para eventos donde hay menores de edad o simplemente no es el estilo de la organización servir alcohol, pero se busca mantener un toque divertido u original.

NOTA: Un cargo común en hoteles y otros recintos es el *descorche*. Se refiere al pago hecho para permitir el ingreso de botellas nuevas de bebidas alcohólicas (vinos, destilados, cervezas), de modo que el lugar se encarga de proveer hielo y mezcladores, y servirlas en sus vasos o copas. Esto representa un ahorro sustancial cuando se busca reducir costos, pues el precio de una barra libre en un hotel suele ser considerablemente elevado.

Hasta aquí hemos visto tecnicismos básicos, por si necesitabas conocer o afianzar el sostén de todo lo que iremos construyendo. Pero, ¿te ha pasado que en ocasiones no comprendes lo que un cliente o proveedor dice o necesita porque no utiliza los términos correctos? Pues, ¡a tus interlocutores les puede suceder lo mismo contigo! Así que, en el *Anexo 1 - Terminología* he incluido la que me parece más esencial en tres rubros. ¡Consúltala!

En el siguiente capítulo, tocaremos aspectos más dinámicos que van fundiendo la teoría y la práctica, antes de comenzar a preparar la poción mágica, lo que sucede cuando creas un evento. ¡Allí te espero!

CAPÍTULO 4.

EVENTOS DE UN
FUTURO ALCANZADO

4. EVENTOS DE UN FUTURO ALCANZADO

Allá por el año de 1995, la forma de organizar y promover un evento dependía del teléfono, el fax, anuncios en periódicos, invitaciones enviadas por correo y formatos de registro devueltos por la misma vía. Es decir, es fácil imaginar por qué la planificación requería de meses, antes de que por fin llegara la primera confirmación. Aun tratándose de un evento interno, la comunicación podía resultar algo lenta.

Apenas a inicios de la década de 2010, se hablaba de la tecnología y las redes sociales como algo emergente, que los más jóvenes adoptaban rápidamente y que los demás estaban intentando comprender para tratar de integrar a sus vidas y a los eventos. La idea de promover un evento en Facebook para inducir conversación alrededor, utilizar registros en línea suficientemente confiables, generar contactos en Twitter o sostener conferencias por Skype, era por un lado sorprendente, por la facilidad para acortar distancias, y por el otro, estresante por la rapidez de su crecimiento e implementación y la vulnerabilidad que hacía sentir. ¿Acaso la tecnología sustituiría los encuentros presenciales?

Reunirse no es nada nuevo; la gente lo ha hecho desde el inicio de la humanidad. **Los encuentros cara a cara son algo inherente al ser humano**, y lo hemos comprobado en épocas donde el aislamiento no opcional o las crisis económicas nos han obligado a distanciarnos; tendemos a reencontrarnos lo antes posible. Finalmente, somos seres sociales.

Pero la forma de reunirnos y de trabajar en conjunto sí que ha cambiado. En el tiempo en que escribí este libro (2020), justamente corría la pandemia de COVID-19. Aquella que marcó a las personas, los negocios, las industrias, convirtiéndose en un parteaguas en términos de higiene, salud y normas sociales. Y no solo eso.

Quizás uno de los mayores impactos en la Industria de Reuniones es que aceleró la activación del escenario virtual; claro, con múltiples juntas de equipos de trabajo, pero también con webinars educativos que se dispararon en su forma más básica con populares plataformas. No obstante, lo virtual ya existía desde tiempo atrás, incluso, ya había quienes organizaban congresos completamente virtuales. La crisis sanitaria solo evidenció la oferta, sus capacidades y oportunidades.

Asimismo, las nuevas generaciones (millennials, centennials, alfa y lo que venga) ya no se conforman, ni se conformarán, con sentarse cuatro horas a escuchar orador tras orador, sin que estos muestren interés en lo que su audiencia piensa. Prefieren participar en la construcción de la experiencia. Entre ellos las formas de intercambiar ideas son más dinámicas y ricas. Así, también, los procesos creativos enfocados en resultados para la gente.

Las tendencias no solo se refieren a cómo decoraremos un evento. Es muy importante que estés atento a aspectos menos glamorosos, pero impactantes en términos de funcionalidad, sostenibilidad y productividad. De ello trataremos en este capítulo, con el propósito de introducirte a cada aspecto, para que puedas profundizar los que más te interesen.

4.1 SOSTENIBILIDAD

La sostenibilidad se refiere a las características del desarrollo que aseguran las necesidades del presente sin comprometer las necesidades de futuras generaciones. Es decir, sí busca el desarrollo económico y la productividad, pero no a costa del agotamiento de los recursos naturales y el medio ambiente en general, ni en detrimento de la sociedad. Busca un equilibrio entre los tres aspectos, construyendo bienestar hacia adelante.

En 2015, los líderes mundiales, de países miembros de la Organización de las Naciones Unidas (ONU), adoptaron un conjunto de objetivos globales con el fin de erradicar la pobreza, proteger al planeta y asegurar la prosperidad para todos, fijando una **agenda de desarrollo sostenible**, con metas específicas para el 2030.[21]

A esta agenda se han sumado gobiernos, sector privado, sociedad civil, estableciendo cada uno distintos proyectos a nivel país u organización, abarcando uno o varios de los **Objetivos de Desarrollo Sostenible (ODS)**[22]:

---

21 Organización de las Naciones Unidas. Consultado en mayo de 2020. https://www.un.org/sustainabledevelopment/es/objetivos-de-desarrollo-sostenible/

22 Ibid. https://www.un.org/sustainabledevelopment/es/sustainable-development-goals/

Probablemente, para los más jóvenes, hablar de esto parece más natural, porque ellos ya sufren o sufrirán las consecuencias de lo hecho por generaciones anteriores. Pero no solo por eso toco este tema, sino porque la sostenibilidad también puede y debe estar presente en nuestros eventos. Transformar la mentalidad colectiva está en manos no solo de las grandes organizaciones; tú puedes contribuir desde tu trinchera, por pequeña que pueda parecer.

Debes saber que existen diversas certificaciones internacionales para destinos, recintos, hoteles y otros, que implementan prácticas ecológicas y sociales. Entre estas, se encuentran Earth Check, Rainforest Alliance, Leadership in Energy & Environmental Design (LEED), así como el Events Industry Council, que tiene una rama enfocada en sostenibilidad. En el caso de México, existen los sellos **Distintivo S** (Secretaría de Turismo) y **Calidad Ambiental Turística** (Procuraduría Federal de Protección al Ambiente).

Mención especial merece la parte del tráfico humano, donde, lamentablemente, el Turismo puede también ser un vehículo, debido a la complicidad u omisión de los actores del ramo, ante explotadores que viajan con tal objetivo específico o a quienes se les presenta la oportunidad. Por ello, existen iniciativas como la ECPAT[23], para evitar y prevenir la Explotación Sexual Comercial con Niños, Niñas y Adolescentes (ESCNNA[24]). Esto, a través de *The Code*, un código de conducta internacional de responsabilidad social empresarial, al cual la Industria de Reuniones también se ha adherido, comprometiendo su participación en la prevención y denuncia.

En pro de avanzar con los ODS, enseguida encontrarás prácticas que puedes implementar o proponer a tus clientes. Pero debes tener algo en cuenta: cualquiera de estas y otras acciones deben a la vez vigilar la seguridad y comodidad del evento, sus participantes y tus colaboradores, así como el éxito de la reunión cumpliendo al mismo tiempo sus objetivos. Esto es, no por evitar emisiones de CO_2, mantendrás el aire acondicionado apagado en un hotel de playa en verano. Tampoco eliminarás porciones individuales empaquetadas en el servicio de café, si hay un riesgo de pandemia. O bien, puede presentarse un grupo de extranjeros que no desee consumir agua de una jarra y la exigirá embotellada.

Exactamente en tiempos de COVID-19, se presentó la preocupación por las cantidades insólitas de basura generadas debido a los desechos sanitarios de alto riesgo contaminante. Justo cuando en varias ciudades y países se venían combatiendo los plásticos de un solo uso, ahora hay toneladas de plástico que apenas utilizamos, pero que protegen los artículos que consumimos. Por supuesto, este es un claro ejemplo de cómo privilegiar la salud sobre la preferencia de no utilizar materiales poco amigables con el medio ambiente.

---

23   ECPAT - End Child Prostitution, Child Pornography and Trafficking of Children for Sexual Purposes (Eliminemos la Prostitución, la Pornografía y la Trata con Propósitos Sexuales de Niños, Niñas y Adolescentes).

24   http://www.ecpatmexico.org.mx/

Cuando se presenta una situación así, nadie sabe a ciencia cierta cuánto durará o de qué manera moldeará permanentemente las prácticas futuras. Por ello, vale la pena mantener la lista de sugerencias relacionadas con la sostenibilidad. Precisamente, porque las opciones deben ser evaluadas, si algo no es posible para ese momento o ese grupo en particular, con seguridad habrá otras opciones por implementar. Como ejemplo, si no puedes eliminar las botellas de agua, aún puedes separar los desechos y compensar la huella de carbono. Recuerda: **la adaptabilidad debe ser una de tus virtudes**.

IDEAS PARA EVENTOS SOSTENIBLES

 Prefiere destinos, hoteles y recintos con certificaciones por sostenibilidad, o al menos, que mantengan prácticas sostenibles acordes con tus metas.

 Comunica a los participantes las acciones tomadas en el evento, para su mejor comprensión e involucramiento.

 Sustituye formatos, agendas, mapas y materiales impresos, por apps.
Participa en programas hoteleros para reutilización de blancos.
Promueve el ahorro de agua en general (lavado de manos, ducha).
Prefiere mesas sin mantel en montajes, siempre que estén disponibles.

 Revisa garantías e históricos del evento para evitar sobreproducción.
Indaga necesidades alimenticias en el pre-registro al evento.
Dona sobrantes a bancos de alimentos o fundaciones.
Opta por platos más pequeños en los buffets para evitar servicio excesivo.
Sirve frutas y vegetales imperfectos.
Evalúa la posibilidad de compartir menú con otro(s) grupo(s) en casa.
En grupos pequeños, ve la posibilidad de utiizar menú de room service.

 Evita artículos innecesarios o producidos en cantidades excesivas, y elige materiales reciclables o reutilizables (MDF, pallets y similares). Imprimir señalizaciones sin fecha te permitirá utilizarlas en eventos seriados.
Recolecta y reutiliza materiales, como portagafetes. Si requieres usar o entregar objetos plásticos, prefiere los reciclados o biodegradables.
Dona materiales sobrantes a escuelas (como papelería).
Asigna personal en estaciones de desechos, para orientar y motivar.
Promueve la elaboración de composta con residuos orgánicos.
Prefiere leche o crema en jarras en lugar de empaques individuales.
Reemplaza botellas de agua por jarras y cristalería; promueve el uso de termos.
Elimina popotes, pero conserva algunos para necesidades especiales.

 Procura destinos de fácil conectividad y cercanía con la mayoría del grupo, así como opciones de transporte público.
Optimiza traslados compartidos y comunica su disponibilidad a participantes.
Elige comida local y de temporada en lugar de productos transportados desde lugares remotos.
Apaga o desconecta equipo mientras no es utilizado; reduce aire acondicionado.
Mide y controla las emisiones inevitables y contrata bonos de carbono.

 Asigna áreas reservadas para personas con discapacidad y atiende sus necesidades (accesibilidad, lenguaje de señas, riesgos potenciales).
Visita lugares operados por comunidades locales.
Promueve obsequios locales y con causa.

En principio, la sostenibilidad puede parecer complicada o costosa, pero se trata de ir haciendo pequeños cambios. Quizá tu cliente no acepte que pretendas transformar todo su evento de una edición a la otra; sin embargo, es posible que le demuestres algunos beneficios. A final de cuentas, gran parte del evento se resume en el *retorno de inversión* (ROI).

A continuación, te planteo algunas preguntas para ayudarte a fortalecer los argumentos a favor de la sostenibilidad:

- ¿Qué ahorros económicos pueden generarse, por ejemplo, al no imprimir agendas, mapas, directorios, y sustituirlos por una aplicación? ¿O al reutilizar algunos elementos de la producción?
- ¿Qué beneficios económicos y sociales podrían obtener gracias a las donaciones u otras acciones sociales?
- ¿Cómo impacta la satisfacción de los participantes, especialmente si se crea mayor identificación y lealtad con la marca?
- ¿Cómo se puede generar una campaña de posicionamiento en redes sociales, gracias a los comentarios positivos de los participantes?

4.2   EL CEREBRO IMPORTA EN TUS EVENTOS

¿Alguna vez te has preguntado cómo funciona tu cerebro? ¿Te dedicas a bombardearlo todos los días, esperando recordar tus pendientes o sobrevivir a las juntas, mientras piensas qué harás llegando a la oficina? Incluso, ¿cuántas veces lo has sometido a ver una película y mensajear al mismo tiempo? ¿Acaso eres de los que atiende una clase o conferencia, mientras "aprovecha" para contestar correos? Y por supuesto, cuando por fin llegas a la cama, esperas que te deje dormir.

El cerebro está lleno de células llamadas neuronas, las cuales circulan entre los hemisferios izquierdo y derecho, disparando información entre sí, para generar aprendizaje, el cual sucede justo cuando las neuronas se conectan. El hemisferio izquierdo es el encargado de procesar datos, de la lógica, del razonamiento deductivo; se basa en modelos aprendidos y usados como referencia. El hemisferio derecho es el responsable de la intuición y la emoción, del lenguaje y las habilidades artísticas.

El cerebro recibe tantos estímulos que debe filtrarlos. Algunos los almacena por si después los necesita, y otros los traslada directamente a su parte consciente. Asimismo, los estudiosos del cerebro dicen que las experiencias repetitivas llevan al aprendizaje, y también resaltan su capacidad para adaptarse y cambiar su fisionomía frente a las experiencias a las que es expuesto (neuroplasticidad).

Por ejemplo, cuando en un evento te encuentras con alguien que tenías tiempo sin ver, la parte derecha de tu cerebro se activa con emociones y facilita una plática ligera sobre cómo se encuentran; la parte izquierda se activa cuando deciden a qué taller entrar o si se inscriben a X conferencia. Tus modelos aprendidos harán que prepares en automático tu café, mientras siguen charlando. Al mismo tiempo, hay colores, olores, sonidos y gente circulando alrededor de ustedes, quizá sin que les prestes atención. Luego, cuando ya están en una conferencia y transcurrido un rato, tal vez comiences a distraerte con tu celular o pensar si la comida te gustará más que la última vez.

¿Por qué es relevante para ti todo esto en el diseño de un evento? Porque, a grandes rasgos, el objetivo de las reuniones es comunicar información y, de alguna forma, estimular el aprendizaje o un cambio de conducta. El participante se comunica con los organizadores, ponentes y staff todo el tiempo, en diferentes niveles. Lo que el participante ve, siente o percibe en la forma de ser atendido, cada detalle o gesto recibido durante una ponencia, forma parte de la experiencia de un evento. Por eso, nos conviene explorar todas las posibilidades para que resulte de lo mejor.

Muchas veces, las conferencias solamente atienden al hemisferio izquierdo, llenándolo de miles de datos que, después de 10 minutos, han saturado y estresado al cerebro, lo que provoca que esa información se vaya al almacén de las cosas no urgentes o importantes. Entonces, ¿por qué empeñarse en hacer que los participantes se sienten dos horas seguidas a recibir un bombardeo de diapositivas saturadas de datos, que serán asimilados solo tiempo después de que la sesión haya concluido?

Las presentaciones son una herramienta para enganchar a la audiencia. Colocar texto corrido que se va a leer en voz alta, llenarla de tablas y gráficas ilegibles, hablar de información dura y compleja, sin pausas, no facilitará el aprendizaje. Funciona mejor ser más fluido y natural, contar una historia, tener interacción con la audiencia, no saturar de información y mantener un discurso sencillo, de modo que el cerebro genere nuevas ideas y sintetice conceptos. Conviene una ponencia más corta con ciertas pausas integradas que permitan a la audiencia interactuar; así, el cerebro se relaja y asimila mejor toda la información otorgada. Por ejemplo, se pueden incorporar sondeos y preguntas a través de aplicaciones o del intercambio de opiniones con otros participantes.

> *PechaKucha[25] (algo así como cuchicheo en japonés) e **Ignite**[26] son dos formatos de presentaciones cortas más dinámicos que los tradicionales. Ambos limitan a los presentadores a utilizar 20 diapositivas con avance automático, cada una mostrada por 20 segundos (Pecha Kucha) o 15 segundos (Ignite). Esto obliga al presentador a ser conciso, enfocado, creativo, exponer su tema apasionadamente, y permite empaquetar*

---

25 http://www.pechakucha.com
26 http://www.ignitetalks.io/

varias presentaciones sin exceder 30 minutos. Además, pueden servir como una rápida introducción a un tema y preceder discusiones en otros formatos.

Una forma más de promover conferencias o jornadas más productivas es proveyendo a los participantes de información acerca de su contenido, desde una breve reseña en el programa, hasta algún tópico para leer antes del evento. Esto preparará a sus cerebros, facilitándoles las conexiones neuronales de las que hablamos.

Integrar en la agenda sesiones que con efectividad promuevan la participación, el aprendizaje, la interacción y la colaboración, inducirá mayor aprovechamiento a los asistentes.

De igual manera, propiciar espacios (tiempo y lugar) donde los participantes puedan revisar sus teléfonos, conectar con otros o tomar un tiempo para relajarse y procesar lo que han aprendido hasta el momento, ayudará a que estén más atentos durante la siguiente sesión.

¡Sí, ya lo sé! El cliente suele ser quien toma todas las decisiones con respecto a su agenda, sus ponentes o conferencistas, sus contenidos, el diseño de sus presentaciones. Pero estamos en el punto donde **tú eres un Alquimista**, y quizá tu cliente esté acostumbrado a hacer las cosas "como siempre". ¿Qué puedes perder con presentar tus sugerencias de mejora? Al contrario, ambos pueden ganar mucho si entregan un mejor evento a los participantes.

4.3 TÉCNICAS DE PARTICIPACIÓN

Como he mencionado, las reuniones han seguido un formato similar desde hace muchos años, a pesar de que los participantes no necesariamente continúan comportándose igual, ni esperan lo mismo en cada ocasión. En algunos casos, quizá se acostumbraron a las formas y por eso no las cuestionan; pero ello no equivale a que las aprecien.

Durante mi trayectoria, he organizado eventos que han resultado casi una réplica de su edición anterior, solo porque "así se acostumbra". También he asistido a eventos donde se expusieron temas por demás interesantes, pero inconvenientemente presentados o que sucedieron después de un largo hilo de ponencias con el mismo estilo, generando una monotonía insufrible que solo dificultó el procesamiento de la información, su asimilación y el almacenaje en la memoria.

Existen diferentes estilos de reuniones para una variedad de audiencias, temas y objetivos, por lo que los formatos tradicionales pueden resultar adecuados en algunos casos. Sin embargo, conviene procurar una combinación con sesiones dinámicas, donde los participantes tengan mayor voz y oportunidad de decidir el curso de la sesión misma, así como de aportar sus propios puntos de vista, satisfaciendo sus necesidades más recurrentes: aprendizaje y conexión.

Adrian Segar es un arquitecto de eventos y facilitador estadounidense con 30 años de experiencia, quien ha conducido múltiples conferencias y ha escrito un par de libros donde abunda sobre este tema, desarrollando o aplicando diferentes técnicas innovadoras para estimular la participación de los asistentes y para facilitar la creación de su propia experiencia. Te recomiendo que leas sus obras *Conferences that Work*[27] y *The Power of Participation*[28], pues en este apartado solo resumiré los puntos más relevantes.

Como el autor explica, suponemos que tener a un ponente hablando sin parar por 50 minutos (si respeta el cronómetro) es lo normal, porque así aprendimos desde pequeños en nuestras escuelas. El conferencista es el experto, es quien posee la información y quien domina la escena, ¿cierto? Inclusive, si el tema por exponer fue solicitado con mucha anticipación al evento, puede perder relevancia o estar desactualizado, si se pierden de vista cambios en el contexto que originalmente nos inspiró a incluirlo en el programa.

En este sentido, además de los objetivos de la organización, ¿cómo podemos considerar aquello que los participantes necesitan, saben o les interesa? ¿Cómo podemos hacerlos dueños del programa o de ciertas sesiones donde su perspectiva, experiencia profesional, ideas o inquietudes, aporten a encontrar una solución, definir una política o crear un nuevo proceso? Desde hace tiempo, los grupos han trabajado en break-outs o han tenido lluvias de ideas, pero ¿están interactuando de la manera más adecuada?

Si se busca favorecer el aprendizaje o una transformación, lo ideal es hacerlo a través de la interacción, del intercambio, de la discusión, de la recapitulación, de la estimulación multisensorial, de la relación de imágenes, del ejercicio físico, de la práctica... todos son actos más productivos que solo tomar notas. Además, lo anterior propicia la formación natural de comunidad.

Antes de iniciar con las técnicas, te comparto algunas consideraciones generales al ponerlas en práctica:

- Proveer un **entorno propicio**: correctamente iluminado, preferiblemente atractivo, cómodo, silencioso, seguro y que no implique largos

---

27   Segar, Adrian. *Conferences that Work. Creating events that people love*, 2010. http://www.conferencesthatwork.com

28   Segar, Adrian. *The Power of Participation. Creating conferences that deliver learning, connection, engagement and action*, 2015. http://www.conferencesthatwork.com

desplazamientos de un salón a otro; que ofrezca espacio suficiente para mover sillas o mesas, si se requiere durante los trabajos.

- Tener a la mano todos los **materiales** requeridos (papeles, plumones, notas adhesivas, cronómetro, etc.) y procurar **sedes flexibles** que permitan pegar hojas en paredes o superficies especiales.

- Establecer desde el inicio **reglas claras** para cada actividad, incluyendo la duración de cada una. Estas deberán servir para establecer límites, sin restar libertad o apertura en los trabajos.

- Instar a los participantes a **convivir con gente que no conocen**.

- Utilizar **grupos heterogéneos** siempre que sea adecuado (diferentes regiones, edades, experiencia).

- Propiciar siempre un ambiente de **respeto y confianza**, de modo que todos se animen a expresarse, sin ser calificados de ignorantes o inexpertos. Asimismo, favorecer la formulación de preguntas y tener el valor de responder "no sé".

- Establecer una política de **confidencialidad** (cuando aplique) para que puedan expresarse sin temor a críticas, ni represalias. Lo que se habla en la sesión, se queda en la sesión.

- Salvo reuniones obligatorias, permitir que la gente **no participe si no quiere**, aunque ello implique pedirle su retiro durante esa actividad.

A continuación, describo algunas de las técnicas aplicadas por Adrian Segar, que bien podrías considerar para tus próximos eventos, especialmente en los dirigidos a grupos no masivos. Algunas son más sencillas; para otras, lo mejor será contar con un facilitador experto que pueda conducir adecuadamente el trabajo hacia los resultados esperados. Están clasificadas según el momento de la reunión, pero algunas funcionan para diferentes momentos.

A. PARA FOMENTAR LA CONEXIÓN FUERA DE LAS SESIONES

Badge it!

Lo recomendable es utilizar gafetes grandes (10 x 15 cm), donde el primer nombre aparezca grande en una línea; luego, el apellido más pequeño en una segunda línea; y un espacio donde el participante pueda escribir. Se imprime una frase como "Háblame acerca de..." o "Me gustaría saber de..." o "Todo lo que necesitamos es...", y el participante deberá completar la frase a mano. También se puede escribir un área específica de interés. La intención es facilitar la identificación de participantes con intereses comunes y ayudarles a iniciar una conversación.

Cambio de silla

Contrario a lo políticamente correcto, donde una persona no se cambia de mesa hasta terminar una comida formal, se trata de fomentar la conversación con diferentes personas. Si es un emplatado, entre dos tiempos (regularmente, plato fuerte y postre) se da una señal donde ciertas personas deben cambiarse de mesa (por ejemplo, las mujeres o aquellos cuyo nombre tenga X inicial). Si se trata de un buffet, se puede hacer más de un cambio.

B.   EN SESIONES DE APERTURA

Estas se enfocan en las etapas tempranas de una reunión, muchas veces conocidas como icebreakers (rompe hielos), pero son técnicas con propósitos claros, más allá de solo intentar ser algo divertidas.

Las Tres Preguntas

Cada participante recibe una tarjeta con tres preguntas: ¿Cómo llegué aquí? ¿Qué me gustaría que sucediera (si tuviera el poder de decidir el curso de la sesión, el tema a tratar o la pregunta a responder)? ¿Qué experiencia tengo que otros podrían encontrar útil? Se debe calcular el tiempo según el tamaño del grupo. Por lo regular, a cada persona se le otorga un par de minutos para responder frente a los demás. Esto permite conocer un poco a los participantes y encontrar intereses en común o inferir temas que ni siquiera se habían considerado.

Roundtable (mesa redonda)

Recomendado para máximo 60 personas. Es similar a Las Tres Preguntas, pero por la cantidad de participantes, se requiere subdividirlos en grupos más pequeños, con perfiles similares (por ejemplo, nivel jerárquico o especialización profesional). Es útil para detectar qué temas resultan de mayor interés para el grupo, observando lo que dicen, cómo reaccionan o murmuran ante cualquier declaración.

Espectrogramas Humanos

También conocidos como gráficas humanas, continuum o votación corporal, funcionan no solo para aperturas. Proveen una representación sobre opiniones o información personal, al pedir a los participantes que se muevan a un lado u otro de un salón, según corresponda con la respuesta a determinadas preguntas. Las respuestas deben ofrecer opciones prestablecidas, como si-no, rojo-azul-amarillo, por mencionar algunos ejemplos. Son útiles para evidenciar similitudes y diferencias, consensos, así como para crear grupos homogéneos o heterogéneos; además, las personas situadas en cada zona pueden presentarse con sus símiles.

El Salón de las Soluciones

Funciona al inicio, pero también al cierre de una reunión. Suele durar de 90 a 120 minutos y es conveniente para grupos de 20 o más personas. Se le da la oportunidad a los participantes de pensar en un reto profesional para el cual les gustaría recibir consejos de sus colegas. Cada uno puede decidir qué tantos detalles desea compartir. Luego, se subdividen en grupos (al azar o por perfiles, si son muy diferentes entre sí), donde cada uno describirá su reto con un mapa mental y los demás podrán aconsejarlo o apoyarlo. Esto fomenta la confianza y, sin duda, el aprendizaje.

Post it!

Útil al inicio de un evento o sesión. Esta es una técnica sencilla para tratar temas que un grupo desea discutir, sean todos los asistentes a un evento o sesión, o por break-outs. En grupos de 50 personas, o menos, se pueden descubrir intereses de la audiencia rápidamente y seleccionar los que se tratarán en la sesión. Cada participante escribe en una nota adhesiva su interés; las notas se clasifican y se agrupan en grandes temas sobre la pared. Así queda en evidencia lo más popular. Quizá no habrá tiempo para cubrir todo, pero las notas servirán para trazar una ruta temática a tratar en la sesión.

C.   EN SESIONES INTERMEDIAS

Estas se enfocan en mejorar el aprendizaje, participación y conexión. Las hay para facilitar discusiones con diferentes propósitos, hacer voto efectivo o crear oportunidades de aprendizaje.

Pair Share (compartir en pareja)

Funciona cuando los participantes se encuentran en asientos fijos, como un auditorio. El presentador expone un tema y da tiempo para que cada individuo reflexione sobre él, para luego discutirlo con la persona a su lado. Esto facilita el aprendizaje, la retención y la formulación de ideas. Además, se puede prestar para iniciar futuras discusiones o para ser seguido de una votación. Es útil para introducir una pregunta cada 10 a 20 minutos en presentaciones largas.

Discusiones Guiadas

Similar a Pair Share, pero enfocado a pequeños grupos acomodados en sillas o mesas pequeñas que permiten la conversación. Igualmente, se presta para introducir un cuestionamiento o planteamiento cada 10 a 20 minutos en presentaciones largas, donde el grupo puede consolidar la comprensión del tema, resolver un problema, generar nuevas ideas, evaluar alternativas y, finalmente, hacer o reforzar sus conexiones. El ponente también puede obtener retroalimentación inmediata. Conviene documentar los diferentes temas, y si algunos se quedaron pendientes, se colocan en un espacio llamado *parking lot* (estacionamiento), para ser considerados en otra ocasión.

Open Space (espacio abierto)

Técnica que permite a los participantes crear sus propias sesiones, que pueden ser organizadas en pocas horas. Dura al menos 150 minutos. Se recomienda para el final del día o sesión y sin alternar con otras sesiones tradicionales. Los participantes convienen tratar temas que han sugerido ellos mismos, para trabajarlos de manera productiva y fluida. Quien desee exponer un asunto alrededor de un tema central, explicará brevemente su punto, para luego colocar una nota adhesiva con su nombre y el tema; estos se irán acomodando en una pared donde se dividen en espacios y duración.

Implica cuatro principios y una ley: quienquiera que venga, es la gente correcta; lo que sea que suceda, es la única cosa que pudo haber sucedido; cuando sea que inicie, es el momento correcto; cuando se termina, se termina; y la *Ley de Dos Pies* (la libertad de abandonar la sesión si se siente en el lugar incorrecto).

World Café

Utilizada como una única sesión corta o como parte de un evento mayor, es una útil herramienta que requiere mayor planificación. Es para trabajar en grupos de 20 a 100 participantes, quienes dialogan en subgrupos acerca de tópicos preestablecidos por los organizadores. La idea es ambientar un espacio que resulte cómodo, donde existan pequeñas mesas (para cuatro a seis personas) en las que cada grupo pase de 20 a 30 minutos, para luego cambiar a otra mesa. Cada mesa puede tener un tópico distinto o el mismo, y la pregunta puede o no cambiar en cada ronda; pero requiere un anfitrión que dé continuidad a las discusiones entre las rondas. Al final, los participantes pueden compartir sus aprendizajes y observaciones con todos.

Fishbowls (peceras)

Técnica utilizada para generar discusiones ordenadas, especialmente cuando hay puntos de vista contrastantes o conflictivos. Es útil para grupos de al menos 20 personas y hasta alrededor de 100. Hay dos opciones:

- **Pecera estándar.** Coloca al grupo en un círculo con cuatro a cinco sillas al centro, o en una herradura con cuatro a cinco sillas al frente. Quien desee hablar, debe sentarse al frente, en alguna silla disponible (o esperar a tener la oportunidad).
- **Pecera de dos lados.** Coloca al grupo en dos círculos concéntricos, cada uno alojando a participantes con una postura distinta acerca del tema. Primero, el círculo interno expone y discute, mientras el externo solo puede hacer preguntas. Después, se intercambian.

D. EN SESIONES DE CIERRE

Luego de haber aprovechado las demás técnicas, el cierre de un evento requiere algo más que una cena especial. Vaya, por supuesto que estoy a favor de ello, pero antes es importante hacer una recapitulación o reflexión, así como celebrar los logros alcanzados comunitariamente y reforzar compromisos o planes a futuro.

Pro Action Café

Mezcla las técnicas de Open Space y World Café. Inicia con preguntas a discutir (propuestas con Open Space), para luego tratarlas en tres rondas de conversación (World Café), enfocándose en tres cuestiones: ¿Cuál es la búsqueda detrás de la pregunta de la mesa? (para clarificar el significado), ¿qué hace falta? (aspectos aún no señalados), y ¿cuáles son los pasos que tomaré, qué ayuda necesito y qué aprendí? Al final, compartirán sus perspectivas con el resto.

Plus/Delta

Sencilla herramienta para identificar qué aspectos resultaron bien y qué otros pueden mejorar, con respecto a una sesión o a todo un evento. Se crean dos listas: Plus, con lo positivo; Delta, con las áreas de oportunidad. De allí se pueden desprender puntos a discutir.

Experiencia Introspectiva

Es un ejercicio muy interesante a nivel personal. Primero, se da tiempo para que cada participante reflexione o escriba su respuesta a cinco preguntas, cada uno decidiendo a qué nivel desea expresarse (algunos llegan a experimentar profundos cambios). Luego, deben conversar en pequeños grupos. Todo esto según deseen o no participar. Las preguntas son: ¿Qué me gustaría que sucediera (vida futura, deseos, sueños, aspectos por conservar o dejar)? ¿Cuál es la situación actual? ¿Qué estoy dispuesto a hacer? ¿Cómo sabré cuando suceda? ¿Dónde y cómo obtendré apoyo?

Group Spective

Mientras la experiencia introspectiva es enteramente personal, esta técnica se enfoca en lo colectivo percibido al final de un evento. Se evalúa pasado, presente y futuro potencial. Podría evolucionar a una discusión general para decidir sobre próximas reuniones con formatos modificados, proponer iniciativas y otros aspectos. Su proceso dependerá de cómo la misma sesión se desenvuelva, adaptándose a alguna de las técnicas ya exploradas.

Por supuesto, esmerarnos en la logística es GRAN parte de nuestra labor, pero podemos pensar más allá e involucrarnos en la mera sustancia de la reunión.

Si no estabas familiarizado con estas técnicas, espero que hayas encontrado información valiosa y muy útil, para inspirar a tus clientes y colegas a crear cada vez mejores reuniones. Los cambios drásticos son de difícil bienvenida, pero ir probando poco a poco algunas opciones, puede resultar positivamente sorprendente.

4.4 MERCADOTECNIA Y TECNOLOGÍA

Decidí unir ambos temas en este apartado porque van de la mano para cumplir los objetivos fijados en la estrategia de un evento, y dado que no serás solo un Planner sino un Alquimista, generar TRANSFORMACIÓN a partir de una reunión y mejores reuniones en el futuro debe estar en tu lista de prioridades.

Con el tiempo, los expertos en eventos han ido desarrollando formas de generar valor y demostrar el valor de las reuniones, pues el ROI es lo más importante para quienes aprueban presupuestos o compras en las empresas y organizaciones. Así que se requieren herramientas para evidenciar esos beneficios que los organizadores a veces percibimos más con el corazón que con los números.

¿Y quiénes son los nuevos protagonistas de esta escena? ¡Los datos! Además de conocer si el evento tuvo más participantes o si las ventas aumentaron luego de la convención, existe información estadística de interés obtenible en una reunión.

Según quienes sean los stakeholders de tu evento (asistentes, expositores o patrocinadores), sus intereses deben ser la directriz para establecer la estrategia. Es necesario conocer información, como cuáles son sus preocupaciones o necesidades, si están agremiados, si han participado previamente, qué les ha atraído, si participan en otros eventos similares, qué esperan de la organización o empresa auspiciante.

Asimismo, primordialmente en eventos no internos, se requiere detectar qué redes sociales y hashtags funcionan mejor y a qué hora; qué correos o boletines tienen mejor tasa de apertura. Aprovechar los medios sociales para compartir propósito, experiencia y memorias, puede generar beneficios para la reunión.

Durante y después del evento, habrás de poder analizar nuevos datos, como cantidad y perfil de los participantes; medios originarios de más registros; qué ponencias tuvieron mayor audiencia, cómo participaron en ellas y cómo fueron calificadas; qué herramientas de una app fueron más recurrentes; si se generaron leads; qué gustó o no en el programa; cómo funcionó una nueva técnica; cualquier otra estadística útil para tus fines.

Todo esto ya no lo obtendrás de un simple cuestionario en papel, sino de las aplicaciones utilizadas antes, durante y después del evento. Estas arrojan información de forma casi inmediata y facilitan un pronto análisis. Por supuesto, todo esto dependerá del tipo de evento y los intereses de tu cliente, pero entre más información puedas capturar y analizar, mayores probabilidades tendrás de mejorar la siguiente edición.

Tal vez no seas tú el encargado de la estrategia de mercadotecnia, ni debas volverte un mercadólogo (si no lo eres), pero es deseable que seas capaz de colaborar de cerca con el área de mercadotecnia de tu cliente, para generar mejores estrategias, explorar ideas y herramientas, intercambiar recursos y unir esfuerzos.

Las siguientes son algunas de las herramientas que puedes utilizar o evaluar:

- **Event Management Tools** (plataformas o programas de gestión de eventos). Dependiendo de lo robustas que sean, pueden integrar servicios para solicitar cotizaciones, armar presupuestos, organizar el trabajo, crear un sitio web para el evento, hacer email marketing con un CRM (Customer Relationship Manager o administrador de relación con clientes), diseñar gafetes, así como integrarse con otras herramientas, como otros CRM o plataformas de streaming.

- **Apps (aplicaciones) para Eventos.** Cada vez más populares, pueden contener múltiples funciones, como agenda y plano del evento; directorio de expositores, ponentes y participantes; chats; encuestas y calificadores. Toma en cuenta que las apps pueden ser nativas (diseñadas especialmente para descarga en móviles) o web-based (utilizan un navegador, sin necesidad de descargas adicionales). Las primeras podrían funcionar sin internet hasta que necesiten actualizaciones o la habilitación de ciertas funciones; las segundas necesitan conexión permanente.

- **Inteligencia Artificial (IA o AI).** Esto incluye, por ejemplo, aplicaciones que empatan a personas potencialmente compatibles (match making, como lo hace Tinder), de acuerdo con su perfil e intereses registrados; también sirven para sugerir a un participante sesiones, contenidos o proveedores de su interés, según la información de su registro.

- **Gafetes con identificador por radio frecuencia o beacons para celular**. Integradas en la app del evento, pueden proveer mucha información y también evitar el conteo manual cada que alguien entra o sale de un evento o sesión. Existen también herramientas para reconocimiento facial. Incluso en eventos corporativos internos, esto puede ser útil para verificar si los participantes que debían estar en ciertas sesiones efectivamente estuvieron allí.

- **Heatmaps**. Pueden mostrar el tráfico en un piso de exhibición para evaluar el desempeño de una zona en específico y ayudar a vender con mayor facilidad la ubicación de un stand.

- **Herramientas de colaboración visual**. Como un mapa mental que puedan ir construyendo entre todos los participantes; o notas que puedan ir agregándose en una presentación. Esto puede resultar efectivo principalmente para reuniones internas.

- **Gamificación**. La incorporación de diversos juegos puede activar a los participantes y fomentar la integración y el trabajo en equipo, incluso a través de **realidad aumentada** y **realidad virtual**, siempre y cuando estén alineados con los objetivos del evento, y no se trate de algo genérico meramente para atraer visitantes a un stand. Por ejemplo, se puede estimular el recorrido de un piso de exposición juntando puntos, prometiendo alguna suscripción o descuento. En un ambiente virtual también es factible incorporar actividades de este tipo.

- **Plataformas para votación y sondeos**. Aunque pueden estar incorporadas en otras de las opciones aquí mencionadas, existen algunas específicamente enfocadas en solucionar aspectos, como indagar preferencias previo al evento, hacer sondeos durante una ponencia, administrar preguntas para los ponentes, calificar el aprendizaje en una sesión y votar alguna moción, entre otras.

- **Encuestas**. De igual forma, pueden integrarse con alguna otra aplicación o manejarse con plataformas dedicadas. Más allá de indagar, luego del evento, las impresiones del participante, pueden servir para que este se autoevalúe previo a la reunión y al término, a fin de visualizar los cambios generados.

- **Tecnología NFC** (near field communication o comunicación de proximidad). Útil tanto para obtener o intercambiar información entre un participante y un expositor en un stand, como para realizar pagos con solo acercar el celular, por ejemplo.

Salvo los casos que obviamente se refieren a eventos presenciales, un evento híbrido o virtual también requiere de estas herramientas para generar involucramiento e información medible. No importa si se trata de un evento corporativo, de una exposición o un incentivo, hay cuestiones útiles y aplicables en cualquier paso. Para demostrar el valor de la reunión, debes ser capaz de comparar qué sucede antes y después de ella, y en contraste con otras ediciones. Siempre existen áreas de oportunidad, pero se empieza por detectarlas para poder mejorarlas.

Un poco más adelante, en este mismo capítulo, hablaremos del diseño de eventos. Pero por la estrecha relación que tienen con el aspecto mercadológico, quiero hablarte ahora de dos temas que te ayudarán a cambiar un poco más la forma en cómo vislumbras la creación de un evento: Attendee Journey y Storytelling. Existe un hilo conductor entre todos los conceptos tratados hasta aquí, ya lo verás.

A. ATTENDEE JOURNEY (recorrido del participante)

Debajo encontrarás una traducida y simplificada versión de la herramienta *customer journey*. Es un modelo para monitorear el comportamiento, los sentimientos y las necesidades de un público objetivo. ¿Por qué nos interesa? Porque al diseñar un evento, necesitas definir lo siguiente:

- Quiénes son los prospectos a quienes hablarás y qué necesidades tienen. Es decir, el o los perfiles (buyer persona) de participantes potenciales.
- Qué deseas que vivan y sientan desde que son invitados y hasta después de finalizado el evento.
- Qué puntos de contacto (touch points) utilizarás en cada etapa: correo electrónico, sitio web, redes sociales, módulos de registro, aplicaciones y cualquier otro según el tipo de evento.
- Qué posibles problemas (pain points) pueden enfrentar en cada paso, y qué deberás prever para entregar una experiencia libre de estrés. Por ejemplo, falta o exceso de información, nula respuesta ante dudas, alto costo, duración extensa o breve, implicaciones del viaje, calidad del contenido, ausencia de staff para recibirlo al llegar, largas filas en el registro, saturación de espacios, fallas en el servicio de internet, etc.

Entonces, con esa información podrás mapear, monitorear y medir cada **etapa**:

- **Descubrimiento.** Es cuando el prospecto se entera del evento, sea por invitación, redes sociales u otros medios. ¿Qué le dirás y por cuál medio para captar pronto su atención? ¿Cómo le crearás interés y expectativa?
- **Elección.** Es el momento en el que el prospecto decide si asistirá o no al evento, tras evaluar varios aspectos de tu oferta: fecha, ubicación, contenido, además de su propia disponibilidad. ¿Qué habrás hecho hasta

este punto para convencerlo del valor de asistir?

- **Preparación.** Es cuando el participante debe recibir cualquier información pertinente, como su confirmación, boleto de avión, agenda; quizá descargar alguna aplicación, enterarse de los ponentes confirmados. ¿Además de emocionado, esperas que se sienta confiado y listo? Debes asegurarte de enviar información precisa, oportuna y suficiente.

- **Llegada al evento.** Sucede desde que el participante llega al aeropuerto, se registra en el hotel o en el recinto, le dan la bienvenida o entra a un webinar. ¿Qué quieres que perciba cuando entre y qué emoción esperas generarle?

- **Durante el evento.** Según el tipo y agenda de la reunión, pueden existir diferentes objetivos en distintos momentos y en ambientes diversos. ¿Buscas facilitarle aprendizaje, interacción, relajación, inspiración, asombro, deleite? ¿Con qué herramientas cuenta para ello? ¿A quién se dirigirá ante un problema?

- **Después del evento.** ¿Qué se llevará consigo o recibirá inmediatamente después? Presentaciones de las conferencias, algún obsequio o souvenir, algún beneficio o descuento por haber asistido, una constancia… ¿Y qué emoción grabará?

- **Recordación.** Si pretendes la asistencia del participante a la siguiente edición o al siguiente evento de una serie, deberás mantenerte presente, sea con algún boletín, enviándole información relacionada o alguna acción similar. Evita la muerte del recuerdo y el olvido de las emociones experimentadas. (¡Claro, te habrás asegurado de que sean positivas!)

Cada uno de tus eventos tendrá un mapeo distinto, aunque puedas identificar puntos o herramientas comunes, más aún cuando son para el mismo cliente o segmento; sin embargo, si le dedicas algo de tiempo a definir estos puntos, tendrás más claro cómo preparar tu poción mágica. En el caso de eventos corporativos internos, a pesar de ser de reuniones de carácter obligatorio, se requiere invitar al participante, registrarlo, hacerlo sentir bienvenido, así que cambiarán ciertos aspectos, pero de igual manera deberás trazar su recorrido.

B.   EL PODER DEL STORYTELLING

El storytelling es el arte de contar una historia para seducir los sentidos. Es la capacidad para provocar en el receptor una interiorización de la información narrada para que la haga suya, la comprenda y se identifique personalmente con ella a través de las emociones y los valores que comparten.

El contar historias es quizá tan antiguo como la humanidad. Hoy, las asimilamos de muy distintas maneras, a través de libros, películas, series, fotos, comerciales; y ponemos especial atención en aquellas en las que podemos formar parte; por ejemplo, si se nos permite compartir una foto propia para integrarla a un video del evento o si somos etiquetados en alguna red social para difundir nuestra asistencia. Las historias nos permiten comunicarnos entre nosotros y encontrar algo en común, como estar con desconocidos en la misma fila para el estreno de una película, cantar el mismo coro en un concierto o admirar una obra en la misma exposición.

En mercadotecnia y publicidad, las marcas cuentan historias. Bien trabajado, todo en una marca te dará ciertos mensajes, con un mismo lenguaje y un mismo tono. Cuando te venda un producto, no te dirá qué contiene, sino cómo lucirás con él, cómo te hará sentir, cómo te cambiará la vida. Steve Jobs no solo presentó un reproductor de música con capacidad de cinco gigabytes, sino *1,000 canciones que caben en tu bolsillo y que te pueden acompañar en un viaje por carretera*[29]. ¿Ves la diferencia?

Una idea es relevante en función de la historia que cuenta y existen varias herramientas para contarla. Asimismo, **cada evento narra una historia**, pero no solo la que se forma por sí sola durante su desarrollo, sino la definida desde que comienzas a concebirlo y luego irás alimentando en todo el proceso.

Entonces, ¿qué va a contar tu evento?, ¿a quién se lo contará?, ¿cuál es el problema o necesidad por atender?, ¿cómo lo llamarás, de modo que todas las piezas a su alrededor encajen? Por ejemplo, si tienes una reunión de redes de mercadeo, puedes idear un nombre o un slogan que resuma toda la filosofía del evento. Por ejemplo: "Expande tu horizonte e inicia el vuelo". Toda la comunicación visual, las conferencias, los mensajes deberán inspirar a los participantes a abrirse a nuevas ideas y crecer su negocio.

O bien, si diseñas una fiesta temática, deberás contar una historia a los participantes desde el momento en que reciben su invitación, hasta el instante en que cruzan la puerta de salida. No harás un Mardi Gras, sirviendo de cenar platos tailandeses, y mostrando un show flamenco, en un evento llamado "Sueño de una noche de verano". ¿Me explico?

La generación de ideas puede parecer algo complicada, pero en realidad, requiere de dedicación y práctica. ¿Has escuchado que "la inspiración existe, pero debe encontrarte trabajando"? ¡Justo aquí aplica! Un método para estimular tu creatividad es anotar palabras que identifiques con el tema y escribir dos o tres líneas que resuman todo el concepto (como un tuit de 140 caracteres). Escribe, escribe, escribe y escribe, digamos, por 30 o 60 minutos. Algunas de esas historias valdrán la pena y podrás ponerte a trabajar en ellas.

Las ideas resuelven problemas, pero primero deberás identificar el problema. Una forma de hacerlo es trabajar en un brainstorming (lluvia de ideas) inverso y representarlo en un mapa mental. Por ejemplo:

---

29   Video del lanzamiento del primer iPod en 2001: https://www.youtube.com/watch?v=kN0SVBCJqLs&t=144s. Visualizado en julio de 2020.

- Tu objetivo es hacer que los prospectos se inscriban al webinar con costo.
- Deberás identificar cuáles son las objeciones potenciales: costo (alto, hay otros que no cuestan, antes no cobraban); método de registro (es complicado, los correos se van a spam); duración (extenso, breve); ponentes (reconocidos o no, fáciles de encontrar en otros eventos); contenido (práctico, muy básico); etcétera.
- Cuando elijas las objeciones más comunes o poderosas, entonces podrás idear un copy (texto creativo breve) para tu invitación: "Seguridad 2.0: El exclusivo webinar donde aprenderás consejos prácticos de la mano de los tres líderes en seguridad corporativa. Inscríbete con tan solo un clic y elige una de las formas de pago disponibles". Al ser exclusivo, no puede ser barato; tendrás a los líderes, así que tampoco será básico; no te pedirá seguir un insufrible proceso de inscripción y pago, así que ¿cuál es el pretexto?

Cuenta historias de manera planificada y deliberada. Ayuda a tu cliente a definir mejor su evento, y a tus proveedores a formar parte efectiva de su construcción. Mientras más claro el concepto, mejor.

4.5 EVENTOS HÍBRIDOS Y VIRTUALES

¡Esta es definitivamente otra historia! Hace no muchos años, comenzamos a ver eventos presenciales donde a la vez se transmitía en vivo para participantes en otra ciudad o país y que por diferentes razones no podían estar en la sede. También comenzamos a notar cada vez más webinars para educar, actualizar o capacitar a un mayor número de personas, a un costo más bajo que tener a un pequeño grupo en vivo. Pero la enorme cantidad de estos hoy en día no tiene ninguna comparación con el pasado, ni la amplia variedad de opciones tecnológicas, ni la cantidad de asistentes conectados cada vez.

La primera vez que un cliente me solicitó coordinar una serie de webinars en 2015, lo sentí como una actividad un tanto ajena, pues distaba en cierto modo de nuestro quehacer cotidiano; pero pronto comprendí que, aunque se trataba de encuentros virtuales, al fin y al cabo, eran eventos. Lo cierto es que, en aquel momento, aún no habíamos vislumbrado el alcance potencial de las herramientas disponibles.

El éxito del proyecto fue tal que llegamos a tener cerca de 50 webinars el segundo año. Esto sustituyó capacitaciones presenciales gratuitas a las que pocos asistían y dio paso a sesiones virtuales que convocaban participantes de otros países también.

El auge de los eventos virtuales es tal que podría ser pertinente cuestionarse si las reuniones presenciales se han terminado. Soy Alquimista pero no adivina, no puedo predecir el futuro, pero con lo visto en los últimos años, me aventuro a afirmar que los eventos en vivo no terminarán; sin embargo, será mucho más común ver cómo se combinan y alternan con el escenario virtual. Entonces, hablemos de los aspectos más importantes a considerar al organizar estas reuniones.

A grandes rasgos, existen dos tipos:

- **Eventos híbridos.** Combinan un evento presencial con aspectos virtuales. Por ejemplo, tener un congreso donde las ponencias, o parte de ellas, se transmiten en vivo a través de alguna plataforma; o eventos presenciales donde uno o varios ponentes transmiten desde una sede remota; o reunir a todos los panelistas en un foro o salón, con o sin público presente, y transmitir a una audiencia virtual.
- **Eventos virtuales.** Se llevan a cabo completamente de manera virtual en cualquiera de sus formas.

A la vez, los eventos virtuales pueden ser de diferentes tipos:

- **Conferencias** (keynote sessions).
- **Exposiciones** (trade shows), que podrían también incluir espacios para networking, áreas para demostración de producto y reuniones uno a uno.
- **Webinars**, enfocados en la capacitación o entrenamiento, aunque es común utilizarlos también como panel de expertos.
- **Reuniones corporativas**, sean internas o enfocadas en negocios (market facing).
- **Lanzamientos de producto.**

La entrega de contenidos (videos) a la audiencia puede ser de estas formas, aisladas o combinadas:

- **Live streaming** (transmisión en vivo). Como su nombre lo indica, la audiencia ve en tiempo real lo que sucede en el evento. Puede ser de manera privada, con algún acceso personalizado a través de alguna plataforma; o pública, si lo haces en un canal abierto o redes sociales.
- **Contenido pregrabado.** Quizá prefieras grabar ciertas charlas en un ambiente más controlado, editar el video, corregir el audio y presentarlas con mejor calidad. Puedes transmitirlas en un determinado momento, pero combinarlas con una sesión de preguntas y respuestas en vivo, por ejemplo.
- **Bajo demanda.** Son materiales ya grabados y que pueden ser vistos cuando se desee, con o sin costo, según la estrategia de tu evento. Estos videos pueden ser los mismos que transmitiste en vivo o algunos otros.

Si amas ver a la gente cara a cara y valoras la interacción con tus colegas, ir a presentarte con el conferencista, tener toda la experiencia sensorial y además te preocupa la derrama económica, quizá te preguntes **por qué hay quienes apuestan por los eventos virtuales**. Estas pueden ser algunas de las razones:

- Ayudan a reducir la huella de carbono (no hay viajes, ni kilos de comida desperdiciada, ni aires acondicionados funcionando indiscriminadamente), además de múltiples desechos de un solo uso.
- Facilitan la participación de altos ejecutivos, quienes pueden encontrar complicado desplazarse solo para una breve presentación en otra ciudad.
- Requieren menor inversión de tiempo (en la organización) y dinero, lo cual arroja un menor costo por participante.
- Permiten llegar a muchas más personas en lugares mucho más lejanos, por un mucho menor costo.
- Incrementar la capacidad con poca anticipación es bastante más sencillo, comparado con conseguir otro salón, ordenar más comida y demás servicios.
- En tiempos donde los viajes o las reuniones presenciales se restringen por motivos de seguridad o salud, son prácticamente la única alternativa viable para continuar reuniéndose.

No obstante, realizar un evento híbrido o virtual no se trata solo de conseguir una aplicación gratuita y enviar invitaciones cinco días antes. Hay implicaciones a veces ignoradas:

- **No se trata de un sustituto pobre de un evento presencial.** Tu evento virtual debe ser tanto o más atractivo, sobre todo porque te enfrentarás a distractores más poderosos y alcanzables que aquellos existentes para los participantes en un salón.
  - Define el objetivo y planifica en consecuencia.
  - Haz sesiones cortas, de máximo 30 minutos.
  - Hazlo interactivo. Utiliza sondeos, juegos, videos, historias. Aunque sea el mismo ponente, conviene despertar a la audiencia cada 10 minutos.
  - Incita emociones; engancha a tu audiencia para evitar que se distraiga.
  - Permite y atiende las preguntas o chats (según el formato elegido). Si hay preguntas que no pudieron ser respondidas, asegúrate de hacer llegar las respuestas posteriormente.
  - Si serán varias horas, agenda recesos anunciados, así los participantes podrán atender llamadas, familia, mascotas y demás, para no estarse distrayendo todo el tiempo.

- **Estructura organizacional.** Similar a un evento presencial, donde tienes a todo un equipo con tareas asignadas, también tienes que destinar a alguien para cubrir la parte técnica, otro encargado de responder dudas de los participantes y un moderador, entre otras funciones pertinentes.

Si intentas que una sola persona cubra todo, es seguro que se pierda en algún punto.

- **Internet.** Como podrás suponer, sin una excelente conexión, ¡¡no habrá evento virtual!! Así que revisa los requerimientos, haz pruebas, desconecta dispositivos, programas o funciones no esenciales durante las sesiones. Procura tener una conexión de respaldo. Súper importante: Calcula adecuadamente la capacidad de tu enlace para transmitir, en función de los participantes que permitirás ingresar; si excedes dicha capacidad, tu enlace colapsará y parte de la audiencia quedará fuera y con un mal sabor de boca.

- **Plataforma por utilizar.** Procura la más amigable posible, pues no todos son hábiles con la tecnología. Asegúrate de conocerla a fondo y capacitar a tus ponentes; también ofrece ayuda a los participantes con dificultades durante el evento.

- **Elige el formato adecuado.** Al igual que en un evento presencial, los objetivos del evento determinan el formato a utilizar. ¿Quieres a un experto que fije la pauta o quieres a varios para discutir un tema? ¿Quieres que la audiencia aporte sus ideas o que resuelva un problema planteado? ¿Deben trabajar en equipos con mentes afines? ¿Harás un coctel virtual?

- **La apariencia SÍ importa.** ¡Sé claro en todo esto cuando hagas la capacitación!
  - Si es posible, contrata una empresa de producción para colocar un fondo e iluminación adecuados en un foro. Si no, asegúrate de que los sitios donde los ponentes y moderadores se ubicarán luzcan limpios, ordenados y con excelente iluminación frontal.
  - Procura utilizar cortinillas, logos, cintillos, todo lo necesario para proyectar una imagen corporativa adecuada.
  - La vestimenta deberá ir de acuerdo con el perfil del evento y los participantes.

- **¡ENSAYA!** Asegúrate de que los ponentes y moderadores hagan pruebas con el equipo y la conexión a internet que utilizarán el día del evento. Revisen el audio, prueben botones en la plataforma, hazlos sentir cómodos y respaldados.

- **Materiales compartidos o por demanda.** Define si compartirás la grabación y otros materiales después de la sesión; si ese material será solo para los participantes efectivos o para todos los registrados; si solo estarán disponibles para quienes hayan adquirido un acceso VIP; y demás posibilidades.

- **Selección de ponentes y moderadores.** Esta siempre es importante, pero cuando la audiencia no está presente, para algunos de ellos puede resultar más difícil lograr enganchar. Considera a quién van a dirigirse y elige los más adecuados. Igualmente, tener un conductor que hile las diferentes etapas, o quien modere las pláticas e incorpore las preguntas de los participantes, hará que todo fluya mejor.

- **Monetización.** Si tu evento tendrá costo, quizá desees tener diferentes niveles de boletos. Por ejemplo:
  - Si el evento es híbrido, los participantes remotos deben encontrar algún valor diferente, no solo que los haga sentirse realmente parte del evento, sino que justifique que tal vez han pagado el mismo precio que los demás.
  - Si solo es virtual, tal vez haya boletos premium con acceso a un grupo privado donde puedan charlar con el conferencista, o bien, recibir algunos materiales exclusivos.

- **Patrocinios y área comercial.** Si tu evento lo requiere, existen diferentes formas de obtener patrocinios. Por ejemplo, a través de banners visibles en el registro, en las sesiones, cortinillas y hasta videos cortos entre presentaciones. Si se trata de una exhibición, hay plataformas que te permiten la creación de stands virtuales, citas uno a uno y similares.

- **Networking.** El aspecto virtual no tiene que implicar aislamiento; recuerda que este es uno de los puntos más atractivos en un evento. Las plataformas pueden tener integradas herramientas para hacer chats entre participantes, contactar a los ponentes o expositores, sugerir contactos que empaten los intereses de dos o más personas. Asimismo, existen aplicaciones donde, dentro de un salón virtual, la gente se puede encontrar y agrupar de manera voluntaria, creándose nodos espontáneos que permiten la conversación en vivo a través de video.

- **Encuestas y sondeos.** Puedes aplicarlos en diferentes momentos, según la información que desees obtener. Hacer la misma pregunta antes de iniciar y justo antes de terminar, te permite conocer cómo cambia la perspectiva la audiencia con respecto a un tema determinado. A media sesión, los sondeos brindan un panorama sobre lo que saben, piensan o sienten los participantes. Al término, te servirán para calificar los formatos, contenidos, ponentes, duración, entre otros.

- **Big data.** Sumado al punto anterior, está lo que los participantes no dicen voluntariamente pero nos interesa mucho. Una de las aportaciones de las distintas plataformas para eventos virtuales es la cantidad de datos arrojados de los participantes: su ubicación, el tiempo de conexión, si fueron activos o pasivos, a dónde entraron, con quién conectaron, etc.

- **Seguridad.** Sé claro con respecto a los datos que puedes recolectar y para qué los utilizarás, si la sesión se grabará y aspectos similares. El tratamiento de toda esta información debe hacerse con sumo cuidado. Asimismo, vigila que la plataforma a utilizar tenga las medidas de seguridad pertinentes.

- **Sé creativo.** Aunque las personas estén lejos unas de otras, esto no les impide compartir una misma experiencia más allá de la pantalla. ¿Qué tal si les envías un kit con algo que puedan utilizar durante la sesión? ¿O si hacen una cata de vino? ¿O si les envías el desayuno? La imaginación y el presupuesto son el límite.

Ciertamente, desde el punto de vista de un Meeting Planner y gran parte de la cadena de valor, el negocio de un evento virtual no es comparable con el de uno presencial. No obstante, hay formas de integrar una mayor cantidad de servicios y asesorías en la creación de este tipo de eventos, más allá de hacer un "simple" webinar. Tendrás que trabajar con tu cliente en sus objetivos y su presupuesto. Al final, si hay una partida reservada para alimentos y bebidas y no se utilizará dentro de un salón, tal vez pueda invertirla en otro rubro.

4.6 DISEÑO DE REUNIONES

Dentro de las diversas funciones de un Meeting Planner, es típico que la mayor parte del trabajo se centre en la logística y en asegurar una operación lo más cercano a impecable, sobre todo cuando una importante porción de los eventos es programada con poca anticipación (como sucede, al menos, en México). Esto con facilidad se traduce en enfocarse más en resolver y menos en diseñar.

Sin embargo, ante las cambiantes necesidades del mercado, **el Alquimista de Eventos ya no solo debería ser un Meeting Planner, sino un estratega y diseñador**. La habilidad de colaborar con tu cliente en la formulación de sus estrategias (de las que las reuniones forman parte) producirá un evento exitoso, pero también que este escale año con año (o edición con edición). Tu cliente necesita un aliado, no un proveedor; un asesor, no un vendedor.

Con frecuencia se habla del diseño de experiencias, pensando primordialmente en la forma y menos en el fondo. Sin embargo, si hablamos del *Meeting Design* (diseño de reuniones), nos encontraremos con que este trabajo requiere mucho más que pensar en la aromaterapia o en el artista invitado para el cierre. Pero antes de centrarnos en este concepto en particular, permíteme ahondar un poco en algo menos específico, que abarca más allá de la Industria de Reuniones y nos servirá para ponerte en contexto.

Contrario a lo que suele pensarse, la innovación (como la inspiración) no es algo que sucede por azar o como un milagro, ni es el mero resultado de una maravillosa y espontánea lluvia de ideas. Innovar, en cualquier aspecto pretendido, requiere de un proceso.

El *Design Thinking*[30] es una herramienta útil para solucionar problemas a través del planeamiento de cuatro preguntas:

- *What is?* ¿Qué es... el problema, oportunidad o necesidad no atendida o detectada?
- *What if?* ¿Y si cualquier solución fuera posible? Es momento de idear (muchas) soluciones o conceptos de negocio.
- *What wows?* ¿Cuál de esas soluciones sorprendería y se alinearía con los recursos, habilidades y objetivos de la organización, así como con los intereses de los stakeholders? Aquí es cuando se depuran las ideas y se generan prototipos.
- *What works?* ¿Cuál de estos prototipos funciona en realidad? La cuestión es tener ciclos rápidos para probar con stakeholders y llegar pronto al fracaso o al éxito, sin desperdiciar recursos.

El proceso tiene las siguientes características:

- **Se centra en los humanos (no en los productos)**. Siempre inicia con la gente real, profundiza en sus vidas, en sus problemas y busca ofrecerles soluciones, involucrando a humanos en su cocreación (no solo datos y tecnología).
- **Es inducido por posibilidades**. Usa información para crear posibilidades que sirvan al propósito.
- **Se enfoca en opciones**. Genera múltiples soluciones factibles para después ser evaluadas por los usuarios potenciales o stakeholders, quienes dan retroalimentación.
- **Es iterativo**. Es un proceso cíclico donde habrá errores (quizá muchos) y se pondrán a prueba posibles soluciones hasta encontrar la idónea.

Ahora, no todos los problemas pueden resolverse con este método, pero sí aquellos que:

- Requieren de un profundo entendimiento de la gente involucrada (usuarios, stakeholders).
- Necesitan explorar el problema mismo y llegar a un acuerdo entre varios actores.
- Tienen datos desconocidos o datos pasados sin utilidad actual.
- Poseen pocos datos relevantes existentes para analizar. No se puede predecir con causa y efecto.

Entonces, si nos detenemos a reflexionarlo por un momento, podemos observar que una reunión (o alguno de sus aspectos) encaja bien en este proceso, pues necesitamos saber quiénes son nuestros prospectos (stakeholders: dueños

---

30   Metodología aprendida en el curso *Design Thinking for Innovation*, impartido por Jeanne M. Liedtka, de la Darden School of Business, Universidad de Virginia, Estados Unidos.

del evento, participantes, expositores, ponentes u otros), cuyas preferencias o acciones pueden ser diferentes de un año al otro. Al final, con lo que trabajamos son productos intangibles.

Es importante comprender que el término *innovación* no se refiere únicamente a lo novedoso, sino a la CREACIÓN DE VALOR. Por ejemplo, cuando a alguien se le ocurrió fabricar un cintillo para que un vaso de café caliente no quemara tus dedos, no hizo un gran descubrimiento o inventó nuevos materiales, pero sí utilizó objetos existentes y los combinó para generar valor. Del mismo modo, quien comenzó a integrar códigos QR en los registros, para que el participante obtuviera con mayor velocidad su acreditación y no pasara horas en una fila, no inventó la programación, pero sí utilizó la tecnología ya existente en otros ámbitos, para dar valor a un proceso muchas veces tedioso.

Innovar también requiere de una **mente (la tuya) abierta y preparada**:

- **Mentalidad.** Perspectiva de una persona con respecto al mundo y su propia vida. Tener una mentalidad de aprendizaje es básico, para no esperar perfección y castigar los fracasos. Tus ideas pueden ser puntos de partida y no ser fijas; ello te permitirá comprender otros puntos de vista cuando te confronten.
- **Repertorio.** Si una persona trabaja en una variedad de funciones o negocios, tendrá mucha mayor habilidad para interpretar diferentes roles, facilitándole la innovación. Puedes expandir tu repertorio:
  - Procura conocer diferentes negocios, industrias y personas.
  - Busca patrones o conexiones entre ideas aparentemente dispersas.
  - Trata de comprender el contexto de los problemas y las oportunidades.
  - Toma diferentes roles en tu organización.
  - Aprende de fracasos tanto como de éxitos, y aplica lo aprendido.
- **Empatía con el cliente.** No es lo mismo que *enfoque en el cliente*. Implica interesarse profundamente en los detalles de sus vidas, como personas, no solo como categorías de consumidores.

Design Thinking es un proceso mucho más complejo que lo anterior, pero necesitaríamos muchas más páginas para abarcarlo. Por eso, si esta breve introducción al concepto te ha dejado con ganas de saber más, te recomiendo leer a los especialistas en el tema, porque existen diversos esquemas, formatos y herramientas de diseño. Mi intención hasta aquí es ponerte en contexto y transmitirte la complejidad implicada al diseñar eventos; sin embargo, si te atreves a intentarlo, notarás lo trascendental que resulta.

Ahora bien, regresemos a hablar específicamente del **MEETING DESIGN** o **DISEÑO DE REUNIONES**. Definámoslo como "la configuración deliberada de la forma y contenido de una reunión para alcanzar los resultados deseados"[31]. No

---

31 Definición acuñada por Mary Boone, directora de Boone Associates, 2009: www.maryboone.com.

importa si se trata de un evento presencial, uno híbrido o uno virtual. Podrán cambiar los medios o la metodología[32], pero no el proceso esencial.

¿Y esto qué significa? Quiere decir que no se trata solo de planificar, sino que se requiere de pasos PREVIOS a la planificación para establecer **objetivos claros**, con **resultados deseables** y viables, concretados a través de la **forma** (ambiente, look & feel, touch points) y el **fondo** (contenido, este es el rey). Es decir, el diseño de reuniones responde a cómo se creará valor para los stakeholders y cómo les será entregado.

En términos generales, **un evento busca provocar un cambio** en los participantes o stakeholders, quienes desean primordialmente dos cosas: aprender y/o conectar (hacer networking). La intención es que un participante llegue al evento con ciertas características y salga del mismo con otras características. ¿Cuáles? Es lo que debe determinarse durante el diseño.

Salvo que se trate de un evento de primera vez, debes indagar en el histórico para saber, por ejemplo, quiénes acuden, qué experiencia han tenido, qué les ha gustado, qué no, a qué problemas cotidianos se enfrentan, qué necesidades tienen. Si es la primera vez, procura obtener la mayor información posible por otros medios y experiencias compartidas.

Como he mencionado, puede haber varios stakeholders, con propias necesidades y expectativas distintas entre sí. A cada uno de ellos es indispensable ofrecerle satisfacciones y resultados, así se trate del dueño del evento, los participantes, los expositores, la organización, etc. ¿Con qué saldrán al término de la reunión? (Por supuesto, no hablo de un artículo promocional). Considera que la demanda de uno puede ser la oferta de otro; la inversión de uno puede ser la ganancia de otro (ganar-ganar); lo que uno enseña, otro lo aprende.

Todo esto definirá los objetivos de la reunión, alineados con los de la organización y su perfil. No se trata exclusivamente de lo que el director general ideó en cierto momento. Igual de importante es determinar los recursos asignados, así como el retorno esperado (de inversión, de objetivos o de experiencias).

Resulta primordial crear una historia que contar a través de toda tu comunicación, que represente la promesa del evento, que resuma qué se puede esperar de él. (Storytelling, ¿recuerdas?) Si logras resumir en una frase corta (como en un tuit de 140 caracteres) la promesa para todos los stakeholders, podrás facilitar y unificar las actividades.

Ahora que sabes a dónde quiere llegar tu cliente, es momento de diseñar (aquí se

---

32 Existen diferentes libros, productos, cursos (como los MPI, que imparte la certificación Event Design Certificate: https://www.mpi.org/education/certificate-programs/event-design). También está el colectivo Event Design con un libro descriptivo y el EventCanvas™ (www.eventcanvas.org), que es un formato de una página que concentra toda la información necesaria para diseñar un evento específico, al analizar 14 aspectos.

involucra el attendee journey). ¿Qué debes hacer, proveer o crear para generar ese cambio en los stakeholders? Recuerda: su búsqueda primordial es aprender y conectar; por eso, toma en cuenta los siguientes aspectos:

Involucramiento (engagement)

Busca las maneras de conectar con las personas en el plano físico, intelectual y emocional. ¿Cuál es la diferencia entre buscar información en internet sobre X tema y asistir a un congreso a escuchar, compartir, debatir o crear alrededor de ese tema? ¿Cuál es la diferencia entre enviar un video con un mensaje del director de la empresa y tenerlo en vivo con oportunidad de acortar la distancia? ¿Cómo lograr que una reunión no resulte en comunicación de una sola vía?

Este involucramiento inicia desde el momento en que das a conocer el evento y su promesa, hasta la finalización de este, e incluso se puede prolongar, si se mantiene la comunicación con la audiencia. Provee medios para ello, dependiendo del perfil del evento; por ejemplo:

- Saca máximo provecho a las redes sociales y enfócate en múltiples audiencias.
- Saca partido de cada touch point.
- Usa temas que generen inspiración o aspiración.
- Maneja un lenguaje sencillo, accesible y, si es pertinente, hasta divertido.
- Usa gamificación, recompensa a quienes se enganchen.
- Facilita maneras para que los participantes afines conecten entre sí, incluyendo a patrocinadores.
- Haz saber a los participantes acerca de acciones de sostenibilidad: la importancia de hacer tal o cual cosa, si están apoyando una causa al recibir un obsequio de artesanía local… Hazlos parte de los esfuerzos y se volverán embajadores del mensaje.
- Un gran consejo que escuché de la canadiense Keneisha Williams, profesional de eventos, en el evento ENGAGE, organizado por EventMB, en junio de 2020, fue: *Trata a los participantes como si fueran un artista famoso y tú fueras su fanático; conócelos, contáctalos; si postean, comentan o preguntan en redes, ¡respóndeles y sé genuino!*

Distribución del aprendizaje

Entrega información relevante para la gente, cuando y donde la requiera, de una forma conveniente para ellos, antes, durante y después del evento. No siempre tiene que ser de manera formal, pero sí de fácil acceso (si necesitan seguir 15 pasos para leer un artículo, no los seguirán).

- Haz uso de las redes sociales, según el enfoque de la información. Por ejemplo, si quieres generar interés, dar noticias, obtener comentarios luego de las sesiones, conectar con otras personas.
- Aprovecha tus touch points digitales: webinars o contenidos bajo demanda, blogs, videos, artículos, materiales enviados después del evento.

Colaboración

La generación de ideas, la mejor solución de problemas, la más adecuada interpretación de situaciones, la activación de planes y objetivos similares se ven favorecidos cuando se estimula la formación de una mente colectiva.

- Cuando resulte apropiado, promueve el uso de técnicas de participación colaborativas, como las aprendidas en páginas anteriores.
- Incluye actividades prácticas, donde (literalmente) la gente ponga manos a la obra, como crear música, grabar un video en grupo o pintar un gran lienzo.
- Crea espacios físicos donde la gente pueda reunirse, incluso de forma espontánea para conversar cualquier tema.
- En momentos como comidas o cocteles, da espacio al networking, pues ideas y sueños compartidos pueden surgir allí mismo. Si programas una conferencia o un show, procura que no abarque todo el tiempo; o si hay música, vigila que permita la conversación.
- Cuando aplique, permite también a los patrocinadores tener tiempos dedicados a interactuar con grupos de participantes, más allá de un stand.

Experiencia

Teniendo siempre al participante en mente (recuerda: este proceso se orienta hacia la gente, no hacia los productos), diseña una experiencia significativa y memorable. No todo está relacionado nada más con la ambientación y el entretenimiento, como no todo se centra solo en apps. Analiza a tu audiencia para determinar qué herramientas funcionan mejor para ese evento en particular.

- Estimula los cinco sentidos (incluso si es virtual, puedes idear maneras).
- Incita curiosidad, exploración y descubrimiento para mantener al cerebro atento.
- Evita saturar la agenda.
- Provee un ambiente seguro, cómodo e inclusivo, así como diferentes espacios donde la gente pueda convivir, aislarse, trabajar, alimentarse, etc.
- Cuida la estética; es parte de un ambiente cómodo y agradable. En el plano virtual también aplica; por ejemplo, un fondo acorde al tono de la charla, una iluminación adecuada, la presencia de marca.
- Claro, la sorpresa y el asombro son importantes, pero no lo son tanto si solo te centras en la forma y no en el fondo.

- Como no todo es trabajo, puedes atender también a otras necesidades, como una clase rápida de yoga, una sala de meditación o una silla para masajes de cinco o 10 minutos.
- Independientemente del presupuesto, cuida la calidad de alimentos y bebidas, así como dietas especiales. La calidad de las instalaciones sanitarias es esencial también.
- Nuevamente, aprovecha las aplicaciones y la gamificación.
- Aun en eventos virtuales, recuerda brindar información práctica: código de vestir, uso de audio o video, cómo conectarse; o bien, cómo llegar al hotel, en qué piso se encuentra el salón, cómo se realizará la acreditación. Evita crear estrés por aspectos tan simples y previsibles.
- La puntualidad, la fluidez operativa, el correcto funcionamiento de equipos y aplicaciones son algo obvio, pero esperado como parte de la experiencia en general.

Evaluación

Al término del evento, podrás obtener estadísticas, como qué sesiones fueron populares, cuánto tiempo permanecieron allí, cómo fue la participación, qué funcionó, qué se puede mejorar o cambiar para la siguiente edición, entre muchos otros datos.

Por último, es importante que comprendas en qué parte del proceso te involucras. Es probable que tu cliente realice las primeras etapas de manera interna, pero es posible que seas tú quien deba entregarle estadísticas de los eventos pasados, por ejemplo. Hay quienes solo esperan cotizaciones y la ejecución de una lista de actividades; no obstante, hay quienes están más abiertos a escuchar nuevas propuestas y a solicitar tu apoyo en más etapas.

También, como ya lo señalé, es cierto que muchas reuniones se planean con muy poca anticipación, pero si logras que tu cliente invierta más tiempo contigo para trabajar en el diseño del evento, el producto final puede mejorar.

¿Qué tanto conocías los conceptos abarcados en este capítulo: estabas familiarizado, solo los habías escuchado, no tenías ni idea de su existencia o, por el contrario, ya eres un experto en alguno? Este capítulo recibió su nombre al pensar en esas cosas que hace no mucho tiempo veíamos un tanto lejanas; pero ahora están aquí instalándose con fuerza. Es probable que algunos aspectos hayan surgido de manera discreta, pero también es factible que no nos encontraran listos aún. Existen prácticas todavía no lo suficientemente extendidas, pero como ha ocurrido con otras tecnologías y tendencias, no tardarán en ser indispensables (y demandadas por cada cliente).

Cualquiera que sea el caso, prepárate de la mejor manera. Lo desconocido o no practicado, estúdialo. Quizá tus clientes esperen menos de ti; sin embargo, puedes sorprenderlos y provocar la TRANSFORMACIÓN de sus eventos. Recuerda que eres un ALQUIMISTA.

Hasta aquí llegamos con la teoría. ¡Es momento de poner manos a la obra! ¿Estás listo para CREAR las pociones?

CAPÍTULO 5.

TRANSFORMAR LA CONFIANZA EN ÉXITO

(Método para hacer pociones perfectas)

5. TRANSFORMAR LA CONFIANZA EN ÉXITO
(Método para hacer pociones perfectas)

Es momento de unir las piezas, de tomar todos los ingredientes y cocinarlos en una poción perfecta. ¿Esto es realmente posible? De acuerdo. Aceptemos que en la operación de un evento casi siempre hay algún dragón, pero tu trabajo es asegurarte de tener todo preparado para minimizar los riesgos.

Las etapas que explicaré en este capítulo son las que en mi experiencia he desarrollado a través de los años. No se trata de que haya descubierto el hilo negro, solo que he logrado asimilar la información que mi cerebro ha acumulado con estudio y práctica. Casi sin sospecharlo, a lo largo de mi carrera he validado todo ello al leer o escuchar a expertas autoridades en la materia, quienes llevan toda una vida haciendo eventos y creando modelos complejos que han servido de pauta en la Industria de Reuniones.

El objetivo de este libro es convertir ese cúmulo de conocimientos en algo asequible para ti, de modo que concentres en un solo lugar una introducción y una guía efectiva para transitar el camino de la creación eventos. Esto te ayudará a TRANSFORMAR tu trabajo y tus reuniones; o bien, a reafirmar lo que ya venías haciendo.

Como se lo he dicho a mis equipos, **las fórmulas (o pociones) no son exactas**. Claro, a ellos sí les pido respetar los formatos y diseños prestablecidos, o cada uno haría cosas diferentes en una misma empresa. Pero si bien el resultado debería estar y lucir homologado, les permito (y pido) que encuentren la mejor manera de llegar allí, porque no todos los cerebros funcionan igual y cada circunstancia, aunque similar, es diferente en cada evento.

Asimismo, si eres un Meeting Planner independiente o encabezas una agencia o departamento de eventos, seguramente podrás ajustar ciertos aspectos y formatos a tu estilo y tus necesidades.

La forma en la que yo proceso la información no es la misma que la tuya. Tu magia y la mía tampoco son iguales. Pero lo esencial en el camino, sí nos es común. Lo importante es que adoptes lo indispensable para luego crear tus propias recetas, siempre con la mira puesta en desarrollar mejores prácticas que te faciliten entregar un producto excelente. **Se trata de descubrir y potenciar tu magia**.

Si llevas un tiempo en este negocio, probablemente has identificado qué rasgos te diferencian de los demás, qué es eso que tus clientes disfrutan o piden, ese valor que agregas y por el cual tu cliente te busca y se siente cómodo contigo. Si apenas estás incursionando, pon atención a esa chispa que detona lo mejor de ti.

Todo eso incluye tanto tu forma de hacer las cosas, como la naturalidad con la que las desarrollas. Tu magia se potenciará con trabajo y mucha práctica, hasta que lo transpires sin darte cuenta. Entonces sabrás cuáles pasos adoptar y adaptar en cada escenario, para simplificar tus tareas y agudizar tus sentidos.

Hasta este punto ya expusimos las habilidades que necesitas activar, ya aprendimos sobre los aspectos técnicos fundamentales, así como las herramientas adicionales por implementar. Es momento de discernir todo ese conocimiento y mezclarlo de la forma en que tú requieras hacerlo, cuando lo necesites y como solo tú puedes ejecutarlo.

Comencemos, pues.

5.1 GENERAR CONFIANZA (en todo sentido)

En la introducción del libro, te conté cómo al estar buscando una palabra con la que mis clientes y colegas nos identificaran a mí y a mi agencia, detecté que *confianza* era un concepto recurrente. Cuando consideré volcarme en la escritura, supe que debía hablarte de esto, no solo como una anécdota, sino como parte del proceso de creación de un evento.

Según la Real Academia Española de la Lengua, CONFIANZA es:

> *Esperanza firme que se tiene de alguien o algo. Seguridad que alguien tiene en sí mismo. Ánimo, aliento, vigor para obrar. Pacto o convenio hecho oculta y reservadamente entre dos o más personas, particularmente si son tratantes o del comercio.*

La confianza se puede entender desde un enfoque personal (de un individuo hacia sí mismo) o hacia otros. Piensa en la confianza que tienes en tus amigos para platicar o apoyarte; o en un socio comercial de toda la vida. Haz un recuento de los productos que adquieres porque te parecen dignos de confianza para satisfacer genuinamente tus necesidades. **Reflexiona en la confianza que tienes en ti mismo para tomar acción en diferentes situaciones**. Como ves, está presente en muchos aspectos de tu vida, porque es la base de cualquier buena relación.

Sin entrar a un estudio sociológico del término, en mi opinión, estos son los componentes presentes en ella y que conviene ocuparnos en cultivar para generar magia desde el interior:

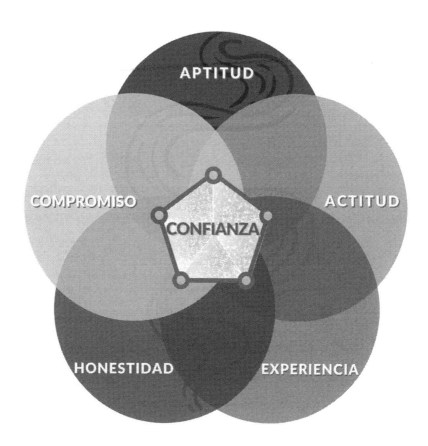

- **Aptitud.** La adquieres tanto por tus características y habilidades, como por tu preparación. Primero, necesitas estar capacitado, pues no todo se trata de buenas intenciones.
- **Actitud.** Es cómo estás dispuesto a comportarte o hacer algo. A pesar de estar preparado, si tu actitud ante la vida, los clientes, las circunstancias no es buena, a la larga no será suficiente. Por ejemplo, es positivo ser proactivo, estar abierto a ideas y cambios, respetar lo que está del otro lado, poseer valor para atreverte a vencer un reto y tener persistencia para conseguirlo.
- **Experiencia.** Quizá tienes la teoría y la buena disposición, pero necesitas experiencia acorde con los compromisos elegidos.
- **Honestidad.** Nada de lo anterior es valioso si lo que haces, piensas, sientes y dices no están en la misma línea. Se requiere valor para atreverse a hacer, pero honestidad para saber qué y responsabilidad para asumirlo. Engañarte a ti o a los demás tal vez te consiga algo inmediato, pero con el tiempo todo cae por su propio peso.
- **Compromiso.** Si tienes todo lo necesario y te comprometes a algo, cúmplelo. Honra tu palabra TODAS LAS VECES, haz todo lo que esté en tus manos, trabaja por conseguir lo que no tienes, pon todo tu empeño y corazón. Si algo te lo impide, comunícalo a tiempo.

Entonces, ¿por qué incluir la confianza como punto de arranque del proceso?

Primero, porque es imprescindible tener confianza en ti. Cree en ti, en tus capacidades y habilidades, y atrévete, pero siempre sé honesto contigo y con los demás. Hacer que los demás confíen en ti lleva tiempo, pero es un activo que puede perderse de inmediato. Si proyectas seguridad a tu cliente, incluso desde la primera vez que se conocen, será mucho más fácil lograr que abra la puerta. Al ser como una planta, la confianza necesita ser regada cotidianamente, para lograr fortalecerla a tal grado que tu cliente no dude en llamarte de nuevo. Lo mismo ocurre con tus colegas y proveedores; difícilmente podrás lograr resultados con un equipo que no confía entre sí.

La cuestión es descubrir qué puedes hacer con esa confianza y en qué puedes transformarla, con aquellos rasgos que tú en particular posees. No quieras aparentar algo que no eres, ni imites falsamente a esa persona que vende más que tú. Se trata de identificar las características que te hacen ser único y potenciarlas. Claro, si trabajas en una organización, es deseable que te sientas parte de ella y respetes ciertas pautas que les permiten funcionar como equipo. Pero una cosa es adaptarte y otra cosa es pretender.

Tu sello es tuyo. Tu magia es tuya. La alquimia que hagas solo puedes realizarla tú. Cuando seas tú y abraces tu esencia y lo que amas hacer, podrás potenciar tu magia personal de forma genuina. Si eso te lleva a idear y proponer nuevos métodos, si te facilita ser magistral en la operación, si te ayuda a ganar proyectos codiciados, esa es tu magia transformando el entorno.

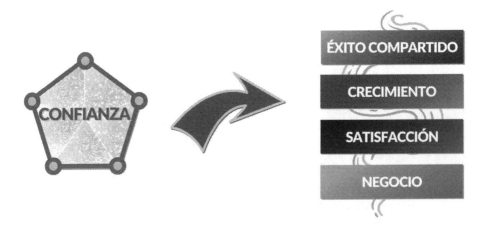

A continuación, abordemos paso por paso la parte formal del proceso. Hay quienes tienen esquemas de trabajo que los implican en absolutamente todo el camino. Hay quienes tienen estructuras más grandes que dividen la venta, la cotización, la operación y lo administrativo; o algunas partes. Nadie mejor que tú sabrá en qué parte del proceso te involucras y si algún paso te atañe más que otros. Yo me dirigiré a ti todo el tiempo, pero si necesitas compartir la responsabilidad con alguien, transmítele el conocimiento adquirido.

Un consejo adicional: aunque no te ocupes personalmente de todo el proceso, no te desentiendas del evento. Si tú solo te encargas de la venta, estar copiado en cada correo llenará tu bandeja de entrada de cosas que no leerás; pero sí conviene que cada tanto te enteres de los avances importantes o si existe algún conflicto. Ante algún problema, es muy factible que el cliente te busque, pues fuiste quien le prometió los maravillosos resultados, y se decepcionará si apenas recuerdas su evento en curso. **La confianza se nutre o muere**.

TRUCO INFALIBLE: Hay una palabra clave para absolutamente todas las cosas que hagas en este negocio. ¡Se llama SEGUIMIENTO! Si envías un email pidiendo una cita o una cotización; si responde a un RFP[33]; si envías una factura a revisión; si delegas una tarea a un subordinado; si indicas al mesero que lleve una botella de agua al VIP... Asegúrate de que esa indicación o ese material o documento haya sido recibido, comprendido, ejecutado, entregado o cumplido. Demuestra interés y compromiso.

5.2 PRIMER ACERCAMIENTO Y LEVANTAMIENTO DE LEAD

Conseguiste una cita con un nuevo cliente o quizá se trata de un cliente recurrente con un nuevo proyecto, pero es la primera vez que tú te involucras. POR FAVOR, averigua todo lo que puedas de la empresa, del cliente y si puedes, de su evento. ¡Pocas cosas peores que presentarte a una cita y preguntarle a qué se dedican o confundirlo con otro!

Si es un cliente o un evento recurrente, asegúrate de llegar preparado, de haber revisado el histórico y quizás hasta de tenerle algunas ideas nuevas o mejoras. Evita pedirle que te recuerde de qué se trata o que te facilite los datos de la edición anterior.

---

33   RFP- Request for Proposal (o Solicitud de Propuesta).

Cualquiera que sea el caso, el punto es INVOLUCRARTE. Sí, el evento es de tu cliente, ¡pero también tuyo! Interésate genuinamente y no solo pienses en una venta.

Especialmente si tu cliente está licitando o concursando el evento, es posible que te entregue un brief con muchos (o pocos) datos: fechas, perfil de los participantes, requerimientos específicos y presupuesto. Resulta común que te queden todavía dudas o carezcas de información importante poder elaborar tu propuesta. En esos casos, PREGUNTA, PREGUNTA, PREGUNTA.

Otra de las peores cosas que puedes hacer es no comprender de qué se trata el evento y tomar dictado a medias de lo solicitado sin ir más allá; o peor aún, solicitarlo así a tus proveedores y entregar la mitad de lo que se espera de ti. Si no está claro el objetivo, jamás lograrás proponer algo que los lleve a concretarlo. Si es necesario, utiliza tus poderes telepáticos, pero no digas que sí sin saber a qué.

Siempre que sea posible, trabaja en el **Diseño del Evento**, según lo aprendido en el *Capítulo 4*. Pero si la solicitud es muy rígida o el tiempo de entrega es menos que razonable, al menos ocúpate de obtener la mayor información posible antes de trabajar en tu propuesta. Si tienes un formato prediseñado para levantar una solicitud es mejor, pero si no, asegúrate de anotar todo. Al concentrar esta información y entregarla a tu equipo y a tus proveedores, todos podrán tener clara cuál es la meta. Traducción: ahorrarás tiempo y estrés.

Los puntos a continuación pueden no aplicar en todos los casos, pero sirven de guía para ti:

- **Datos de contacto del cliente.** Parece obvio, ¿verdad? Pero si llegaste allí por un contacto o la invitación de alguien más, asegúrate de tener su nombre, puesto, teléfono, correo electrónico, domicilio... ¿O a quién le dirigirás tu propuesta?

- **Nombre del evento.** Identifícalo, no solo se llama "Evento empresa X". Desde el nombre puedes inferir ciertas características; por ejemplo: "Foro Internacional de Capacitación y Educación Agrícola".

- **Lugar y fecha del evento.** Es una ciudad o sede definida, o se esperan propuestas. La fecha es definitiva o se permiten fechas alternas (por disponibilidad o tarifa).

- **Tipo de evento.** Según la clasificación que conocimos en el *Capítulo 3*.

- **Objetivo del evento.** Debe resultar lo más claro posible. Aun siendo la misma empresa, no es lo mismo planificar una convención de ventas en un año de buenos números, que reunir a cabezas de área para trabajar en una fusión de compañías, que un seminario de actualización, o un incentivo.

- **Perfil del evento.** Indaga todo lo posible.
  - ¿Quiénes son los participantes?
  - ¿Es la primera vez o ya lo habían hecho? En su caso, ¿cuándo, dónde, qué funcionó, qué no quieren?
  - ¿Cuál es el nivel deseable del hotel o venue?
  - Esto irá muy ligado a cómo es la empresa, pero querrás saber o identificar su estilo: tecnológica, conservadora, vanguardista; sigue protocolos rígidos o gusta de cenas temáticas; etc.

- **Perfil del participante**
  - ¿Son empleados (de qué área), clientes, directivos?
  - Rango de edades, perfil socioeconómico (especialmente si son invitados externos), proporción de hombres y mujeres... Cualquier dato que te parezca interesante por la naturaleza del evento.
  - ¿Son locales, nacionales, extranjeros, una mezcla?
  - ¿Cuál es su situación actual y cuál esperan que sea al término del evento? (Por ejemplo, si son vendedores con bajo desempeño y necesitan motivación; si son especialistas buscando nuevas soluciones; si es una industria intentando superar una crisis).
  - ¿Asisten VIPs para los que se necesitarán suites o áreas especiales?
  - ¿Se conoce de requerimientos especiales, como alimentos o accesibilidad? Si bien es idóneo que las sedes propuestas sean amigables en ambos aspectos, pueden presentarse grupos de pacientes de cierta enfermedad, o participantes de determinada religión, de modo que deberás asegurar que sean funcionales para ellos.

- **Agenda o programa del evento.** Regularmente, el cliente tiene un bosquejo de lo que desea hacer en el evento. Esto es indispensable para saber cuál sede cotizar, si tiene salones con la cantidad y características adecuadas, si dispone de un espacio al aire libre, si en la alberca se puede tener una actividad de integración, etc. Asimismo, los horarios te ayudarán a negociar las rentas de espacios.

- **Hospedaje**
  - Cantidad y tipo de habitaciones (estándar, suites, discapacitados) y ocupación (sencillas, dobles, triples). Considera el tipo de cama en las habitaciones del hotel, para que no resulte incómodo en caso de compartir.
  - Las fechas también deben contemplar los casos donde se esperan llegadas en avanzada o extensiones de estancia, de modo que se puedan negociar tarifas extendidas.
  - Cabe preguntar el tipo de hotel que suelen utilizar o les agrada (o desagrada), aunque esto podrías determinarlo por el perfil o las ediciones anteriores.
  - Plan de alimentos en la tarifa: europeo (sin alimentos), con desayuno, todo incluido.
  - Según el tipo de evento, puede ser que la empresa cubra todo o que

cada participante se haga cargo. En el último caso, puede ser que les permitan acompañantes o familia, por lo que tal vez necesites tarifa para menores.

- **Transportación**
  - Aérea. Define si se usa una sola cuenta, cada quien reserva o se prefiere chartear.
  - Terrestre. Si la sede es una ciudad cercana al origen de los participantes, pueden viajar en autobús, van o similar, o llegar por su cuenta.
  - Local. ¿Se puede sugerir cualquier tipo de vehículo o necesitan ciertos vehículos para ciertas personas?
  - Necesitas tener una lista tentativa de participantes o de ciudades para poder cotizar lo más cercano a la realidad. Toma en cuenta los horarios deseables de llegada y salida, determinados en la agenda, o pregunta por ellos.

- **Alimentos y bebidas**
  - La agenda te dará idea, pero considera, por ejemplo, si gustan de los buffets o emplatados; si los eventos son privados o en restaurante; si se permite el consumo de alcohol.
  - Si hay coffee breaks, ve si el servicio será por receso o continuo.
  - En un hotel todo incluido, si se prefiere que cada quien consuma los alimentos por su cuenta o se requieren servicios privados.

- **Salones y otros espacios**
  - Qué sesiones tendrán, cuándo, a qué hora, con qué formato, en qué montaje.
  - Si ocupan equipo audiovisual básico o toda una producción. Deberás contemplar todo lo que la productora incluya: tipo de proyección, puntos de colgado, torres de iluminación, tiempos de montaje y desmontaje, entre otros aspectos, porque todo ello afectará el tiempo de uso del salón y su tamaño.
  - Si se requieren espacios abiertos o cerrados para bienvenidas, clausuras, actividades de integración y similares.
  - En eventos de varios días, es buena idea variar los espacios, de modo que no siempre cenen en la misma terraza, por ejemplo.

- **Equipo audiovisual o producción**
  - Si es algo básico, qué equipo requieren en renta (pantalla, proyector, monitores, audio, equipo de apoyo).
  - Si implica una casa productora, el cliente puede tener una con la que te pida trabajar, o puede requerirte la propuesta creativa completa.

- **Tours, team building, conferencias, artistas.** Todo deriva de la agenda, pero en cada caso, conviene que determines el objetivo de la actividad, o si hay alguna restricción (por ejemplo, hay organizaciones donde no se permiten los deportes extremos).

- **Artículos promocionales y obsequios corporativos.** Empata las opciones con el concepto del evento. Si se requieren específicamente, averigua el presupuesto disponible o el estilo de su agrado, para quién son. Recuerda: aquí también juega la sostenibilidad.

- **Registro en línea y en sitio, apps, pagos y herramientas interactivas**
  - Según el tipo de evento, puede resultar obvio que las utilices. Si es una expo, seguramente son indispensables. Si es un evento interno, quizás el pre-registro lo realice el cliente, pero debas registrar en sitio. Si se trata de un incentivo, la mecánica define quién participa y el desarrollo del evento es menos rígido.
  - En todo caso, mientras mayor control puedas tener de la información, mejor para tu logística. Si cuentas con un programa para gestión de eventos, mucho de esto forma parte de tu propuesta de valor.
  - Si cotizarás algo específico para la reunión, averigua cuáles son los mínimos indispensables (no es lo mismo configurar un registro en línea donde preguntas nombre completo, departamento y alergias; que un registro donde necesitas más datos personales, a qué tour desea inscribirse, qué talla de camisa necesita, qué sesiones elige entre ocho disponibles).

- **Otros servicios.** Nuevamente, mucho dependerá de la agenda y de cómo vayas visualizando tu propuesta, pero cualquier duda que tengas, consúltala. Por ejemplo: telemarketing, gafetes, traducción simultánea, uso de tecnología, valet parking, seguridad.

- **Eventos virtuales**
  - Si se transmitirá en vivo, serán videos grabados, o ambos.
  - Si los ponentes pueden acudir a un foro desde donde se transmita con una escenografía virtual, o cada quien estará en sitios diferentes.
  - Según el perfil, podrás determinar si se monetizará, habrá patrocinios o será interno.

- **Políticas de responsabilidad social o sostenibilidad.** Varias empresas tienen incorporadas en su filosofía ciertas acciones en pro de determinadas causas. Si es el caso, querrás saber si las sedes o proveedores se alinean con lo que requieres. Aquí también cabe que tú sugieras las acciones o alternativas sostenibles, sobre todo cuando no es algo en el radar del cliente.

- **Política de viaje.** Si habrá participantes que viajarán, asegúrate de averiguar qué restricciones existen al respecto: aerolíneas preferidas, si se permite clase ejecutiva o primera clase, si hay un tope en el costo de habitación o alimentos, si solo un número máximo de personas pueden viajar juntas.

- **Presupuesto.** En estas latitudes, es frecuente que los clientes no deseen informar cuántos recursos tienen disponibles, por temor a que les cobren de más o su presupuesto se acabe. Esto no ayuda en nada. Si definitivamente no logras obtener una cifra, analiza los eventos anteriores o el estilo aparente de la empresa, a fin de que tu propuesta no los asuste ni los decepcione.

- **Condiciones comerciales.** Es posible que se indique en la solicitud o brief o quizá prefieras esperar hasta enviar tu propuesta con tus condiciones. Pero si supones que, por el tipo de empresa, pueden solicitarte créditos largos y el presupuesto es estrecho, conviene preguntar cuál es la política al respecto, de modo que en tu cotización consideres cualquier posible gasto financiero.

- **Tiempo límite.** Asegúrate de determinarlo, tanto fecha como hora (23 de julio puede significar a las 12:00 h para tu cliente y a las 23:59 h para ti). Si debes subir la propuesta a alguna plataforma, anticípate: el servicio de internet y dicha plataforma no son infalibles.

- **Presentación de propuesta.** De la mano con lo anterior, pueden pedirte que envíes tu propuesta y luego te den una cita para presentarla, o que esperen todo por email solamente, o que puedas ir personalmente a presentar todo de una vez. Claro, depende mucho del tipo de evento (una pequeña junta requiere menos "trámites" que una convención). Asegúrate de tenerlo claro.

Insisto, esto es una guía. Ni todo aplica para todos los eventos, ni excluye otras cosas que puedas llegar a integrar en una reunión. Conforme vayas conociendo a tu cliente, irás determinando qué le agrada, cuáles son sus estándares, y necesitarás preguntarle menos cosas porque ya las tendrás consideradas. Eso le dará CONFIANZA porque te verá más involucrado.

TRUCO INFALIBLE: ¡Arma y mantén un file! Entre toda la información que comenzarás a reunir desde ese primer encuentro, acumularás cotizaciones, correos, ajustes, notas sobre llamadas, minutas, etc. Seas un ser digital o de papel, asegúrate de armar un archivo físico o virtual donde concentres todo ORDENADAMENTE, accesible para todo el que participe en la creación del evento (en tu empresa, por supuesto). Ten una hoja de seguimiento donde anotes cronológicamente todo lo esencial, no importa si fue por teléfono o presencial. Evita tener "notitas" por todos lados que después nadie encontrará o recordará.

5.3   A PONERSE CREATIVO

Ya tienes claro a dónde tu cliente espera llegar, sea porque te entregó o hicieron un diseño, o porque te proporcionó un bien documentado brief, o porque te envió un detallado email, o porque llenaste tu formato de solicitud de cotización. Cualquiera que sea el caso, ya resolviste tus dudas y ahora debes poner a trabajar tu creatividad.

Probablemente, "solo" se trate de una reunión de 10 directores durante cuatro horas, seguida de un almuerzo. Puedes quedarte con "lo de siempre" o quizá proponer algún espacio menos común pero más cómodo, o sugerir un coffee break con ingredientes que sabes que les encantan (en lugar del tradicional café-pastas secas-refrescos). A lo mejor, el presupuesto y el tiempo dan para que el chef les cocine algo especial al momento.

Tal vez se trate de una convención de 200 personas por tres días y esperan ser sorprendidos con tu propuesta de una producción audiovisual diferente, actividades para enganchar a la gente con los nuevos objetivos, nuevas formas de facilitar la integración en las sesiones y todo bajo estándares sostenibles. Puedes buscar hoteles con estas prácticas, ayudándote así con los objetivos; proponer alguna actividad con conciencia social; trabajar con materiales reciclables o reutilizables en conjunto con la productora.

O tal vez se trate de una exposición o feria, donde aproveches muchas herramientas digitales para facilitar las conexiones entre participantes, así como ofrecer más valor a los expositores. También puedes implementar diversas prácticas sostenibles, demostrando no solo ahorros sino compensación de la huella de carbono de la reunión. Si te encargas de los patrocinios, busca la forma de entregar el mayor valor posible a cambio.

O quizá se trata de diseñar un viaje de incentivo, donde todo sea lujo y descanso, o puedas generar experiencias alineadas con la filosofía y los valores de la organización, especialmente si esta tiene algún programa de responsabilidad social.

CONSIDERACIONES PARA
EVENTOS CORPORATIVOS INTERNOS

- Algunos de los motivos frecuentes para realizarlos son: mantener a los empleados involucrados, motivados y leales; reconocer y celebrar; capacitar; fijar metas para el período por iniciar.

- Suelen organizarse con poco tiempo, aunque también es cierto que implican relativamente mayor facilidad que los eventos externos.

- Cada sector o empresa maneja su propia jerga, incluso para nombrar a sus participantes, por lo que resulta conveniente conocerla y utilizarla, a fin de lograr una mayor identificación con el cliente.

- Es común no contar con grandes presupuestos, por lo que es frecuente que decidan no invertir en ciertas tecnologías. No obstante, procura evidenciar el valor de utilizar herramientas como pre-registros, encuestas, apps que permitan obtener retroalimentación y acercar a empleados de diferentes departamentos, ciudades o países.

- Seleccionar una sede atractiva o especial demuestra aprecio por los participantes.

- Es habitual combinar diferentes objetivos. Por ejemplo, en una convención pueden entregarse reconocimientos, establecerse metas anuales, lanzar un producto y tener actividades de team building.

- A cualquier nivel jerárquico, es conveniente permitir algo de tiempo libre o actividades recreativas, que inciten la integración natural y la conversación de temas pendientes.

- Es importante facilitar la alineación de los empleados con la cultura corporativa, generar sentido de pertenencia, estimular la participación e inspirarlos (leerles los objetivos anuales no basta).

- Los participantes (regularmente, empleados) suelen ser el stakeholder número uno.

- Es recomendable aplicar encuestas antes, durante y después del evento. De hecho, realizarlas periódicamente después de la reunión puede ayudar a medir el impacto de esta.

- El involucramiento de los directivos es esencial. Si participan de manera activa y genuina en las diferentes actividades, la identificación de los empleados será mayor y los líderes podrán conocer de primera mano el sentir de la gente.

- Agrega valor el convocar a expertos internos o externos que aporten perspectivas, mejores prácticas o técnicas para ayudar a los participantes a mejorar determinados aspectos.

- Si se permitirá hablar del evento en redes sociales (como naturalmente lo harán), habrá que definir los límites de la confidencialidad. O bien, si se trata de un lanzamiento, quizá se prefiera estimular el compartir cierta información.

No sobra insistir en que no todo funciona para todos. No todos tus clientes quieren innovar. No todas las reuniones requieren más de un salón y una pantalla. No todos los participantes son geeks. No todos se interesan por el medio ambiente o las comunidades locales. No todos tienen presupuestos holgados. No todos los responsables de organizar un evento tienen experiencia en la materia. Pero en todos los casos, tú deberás agudizar tus sensores mágicos para saber cuáles son las necesidades de tu cliente, cuándo puedes sugerir ciertos ingredientes y cuándo él será completamente feliz con lo que ha hecho de manera sistemática por 15 años. Procura convencerlo de las bondades del cambio, pero no lo obligues.

Ahora, si de lo que se trata es de transformar, entonces, aplícate junto con tu equipo y tus proveedores clave, como la casa productora, tu diseñador gráfico o tu DMC, para crear algo valioso y original. Muchos eventos tienen objetivos similares, pero nunca serán idénticos. Tus propuestas tampoco deben serlo.

Aquí puedes utilizar técnicas como el attendee journey, storytelling, design thinking, mapas mentales, visual thinking para lograr conceptualizar el evento: ¿cómo se llama, cómo se ve, cómo se siente, qué provoca, de qué requiere? Cuando clarifiques esto, podrás identificar qué sedes y proveedores te funcionan, y solicitar cotizaciones.

Todo lo anterior podrás resumirlo en un brief para compartirlo con tu equipo y proveedores (si no todo, al menos la parte correspondiente a cada uno).

Aquí algunas consideraciones **cuando solicites cotizaciones o propuestas**:

- Asegúrate de entregar la mayor cantidad posible de información CLARA y ÚTIL, y de disipar cualquier duda para que te coticen justo como lo necesitas y esperas. El tiempo suele ser crítico y, si al período de respuesta del proveedor le sumas que comprendió la mitad, estarás en problemas.
- Establece un tiempo límite para recibir propuestas. Es mejor si procuras varias alternativas en caso de que no llegue la esperada; aunque esto puede ser difícil cuando se involucran procesos creativos complejos de producción o diseño, pero es más sencillo con muchos otros servicios.
- Sea que manejes algún software para RFPs o que lo hagas por correo electrónico, asegúrate de tener un acuse de recibo del proveedor por cualquier vía. Evita asumir que lo vio, lo comprendió y te cotizará, sobre todo cuando es urgente.
- Procura trabajar con proveedores preferentes, con quienes hayas establecido convenios de tarifas y/o comisiones, así como beneficios adicionales para el grupo, créditos o lo que suelas requerir. No obstante, no por tener una mejor comisión con alguno, excluyas a otro que en algún caso específico resultaría más adecuado.
- Si es un proveedor nuevo, pide referencias o alguna recomendación a un colega de confianza.

- Mejor cuando conoces físicamente las instalaciones, pero si es un lugar en otra ciudad, al menos solicita una buena presentación y vigila que cumpla con los estándares indispensables para el evento.
- Considera que todos tus proveedores o socios comerciales forman parte de un mismo engranaje para la creación de un evento. **Tú serás responsable de lo que prometas a tu cliente**, no tu proveedor (poco le importará si fue el chofer de la van quien se pasó un alto; tú lo contrataste, tú respondes). Entonces, rodéate de quienes compartan tu filosofía y tus objetivos como Alquimista.

TRUCO INFALIBLE: Revisa las cotizaciones o propuestas de tus proveedores lo más pronto posible, para que, en caso de estar incompletas o incorrectas, dispongas de tiempo razonable para recibir el ajuste.

5.4 FORMULAR EL PRESUPUESTO

Ha llegado el momento de estructurar tu cotización y ver si todas tus magníficas ideas casan con el presupuesto asignado. (Momento de concentración y estrés).

Como regularmente tus propuestas incluirán múltiples servicios, lo más conveniente es que utilices una hoja de cálculo para hacer el presupuesto (a menos que cuentes con un software especializado para ello). Algunos clientes te enviarán su formato, más cuando esperan recibir cotizaciones de muchas agencias. Si no, en el *Anexo 2 – Ejemplo de Presupuesto* encontrarás una sugerencia.

Según la cantidad de propuestas y de servicios contenidos en el evento, podrás decidir si presentas un presupuesto con varias alternativas (una hoja de cálculo con opciones para poner o quitar), o varios en archivos separados.

Las matemáticas causan cierta aversión en algunos; sin embargo, solo necesitas fórmulas básicas. Así que, si no eres amigo de Excel, te recomiendo tomar un curso elemental. No luce profesional una hoja de Word o un Excel donde todo lo capturaste manualmente (luego de multiplicar en la calculadora de tu celular), o que le pongas el precio a cada foto de una presentación. Tu cliente necesita ver números: cuánto le cuesta cada cosa, a cuánto asciende el total, qué pasa si incluye más o menos cantidad. ¡Facilítale la vida y ahórrale tiempo!

En mi experiencia, he encontrado conveniente permitir que el cliente "juegue" con el presupuesto, al no proteger las celdas, de modo que pueda cambiar la cantidad de habitaciones, el número de noches, la garantía de alimentos y que agregue o elimine cualquier servicio a la suma total. Esto le ayuda tomar decisiones y determinar qué puede confirmar, sin el envío de diferentes versiones del archivo para analizar cada variable.

En general, mantén en mente lo siguiente:

- Diseña un **encabezado** profesional, con los datos de contacto del cliente, datos básicos del evento (nombre, fecha, lugar) y la fecha de actualización.
- **Estructura el presupuesto** de forma comprensible, utilizando secciones que faciliten la identificación de conceptos. Por ejemplo: transportación – hospedaje – salones – alimentos – producción audiovisual. O bien, divide los servicios por cada día. Los requerimientos del programa te ayudarán a definir la mejor manera, pero sé lo más claro posible.
- Considera en tus cálculos los **impuestos y cargos por servicio aplicables** en cada rubro. Esto se determina no solo por lo que te coticen los proveedores, sino por cómo tú facturas por tus servicios. Es decir, según las diferentes legislaciones y prácticas fiscales, quizás haya impuestos que no puedas trasladar, o propinas a las que debas sumar un impuesto.
- Si el evento contempla un viaje, recuerda incluir los costos implicados para una **visita de inspección** y especifica lo que incluye. Determina qué apoyos tendrás de los proveedores, qué podrás absorber y (en su caso) qué deberá cubrir tu cliente. Hablaremos más de esto en el apartado 5.6.
- Si debes considerar **seguros, fianzas o gastos financieros** (por créditos), asegúrate de sumarlos a tus costos.
- Si ofreces algo en **cortesía** o como parte de tus **valores agregados**, señálalo porque también es cuantificable y quizá sea un diferenciador entre tú y tu competencia.
- Asegúrate de **mostrar el total correcto** por todos los servicios. Revisa tus fórmulas para no omitir filas o columnas de manera accidental.
- **Automatiza** todo lo posible. Por ejemplo, si indicas en una celda del encabezado el número de personas, las líneas donde la cantidad sea el número de personas pueden estar ligadas a la primera. De este modo, no tendrás que modificar fila por fila.
- Es recomendable que **formules los pagos parciales** solicitados, para que el cliente tenga claro desde el inicio cuál es tu esquema propuesto y negocien lo apropiado.
- Incluye las **condiciones generales**, como validez de la propuesta, condiciones de pago, cambios en las garantías o cantidades que puedan afectar la cotización, etc.
- **Resalta puntos importantes** a considerar (esas letras chiquitas que generan malentendidos, como mínimos a contratar o elementos no incluidos).

Sumado a lo anterior, yo prefiero concentrar en una sola hoja todos mis cálculos, tanto la venta como los costos y comisiones, así como los pagos programados a proveedores. Esto me permite asegurar que venta y costos se mantienen actualizados constantemente, aunque separo la información entregable al cliente y la utilizable de manera interna. Quizá te parezca complejo y tengas otro método; dependerá también de tus habilidades con hojas de cálculo, pero esto me ha ayudado a mantener el control, aun si el archivo pasa por varias manos.

Procura entregar la mejor propuesta posible desde el inicio, pero conserva cierto margen de acción, especialmente si sabes que te solicitarán diversos descuentos (poco a poco, conocerás la dinámica de cada cliente). Con esto no quiero decir que presentes una cotización alta para luego fingir ajustes, pero si has negociado y ajustado hasta el más mínimo centavo, será un tanto más difícil renegociar. Ahora, si estás participando en una licitación formal, tendrás menos oportunidades de revisar tu propuesta, por lo que esta deberá ser agresiva para, al menos, pasar a una siguiente ronda, si no toman la decisión en la primera.

Necesitarás apoyo de tus proveedores, quienes, en ocasiones, tienen poca flexibilidad cuando múltiples agencias les han solicitado la misma cotización. Aquí entran en juego tus convenios con ellos, la creatividad que imprimas, tus valores agregados y todo aquello que te distingue. A veces, el cliente decanta las propuestas y se interesa por tu agencia o por una sede en particular, sin haber tomado una decisión en firme; es allí donde **debes maximizar tu poder para renegociar**, atendiendo a las demandas más específicas surgidas en el proceso, para generar un ganar-ganar para todos.

TRUCO INFALIBLE: Cuando termines tu presupuesto, déjalo reposar y luego regresa a hacer una última revisión, con la vista fresca. Asegúrate de que no falten filas o columnas en una suma, que hayas actualizado la fecha, cambiado el nombre del cliente o el evento (especialmente cuando tomaste otro archivo como base), y otros detalles similares que podrían pasar desapercibidos cuando trabajas mucho tiempo en algo.

5.5   HACER QUE EL CLIENTE *SE VEA ALLÍ*

El apartado anterior se refiere a tu propuesta económica, que al final determinará si es viable o no. Pero lo que puede enamorar a tu cliente es tu propuesta creativa y cómo se la vendas; cómo haces que se vea allí, a través de imágenes, videos, demos, *renders* u otros medios disponibles.

Aunque unos somos más visuales que otros, en nuestro papel de clientes nos gusta imaginarnos cómo lucirá el lugar, cómo será el montaje, la ambientación, qué veremos, escucharemos o degustaremos. Sé lo más explícito posible, utilizando diferentes herramientas y no solo texto.

Si estás colaborando con una casa productora, solicita siempre que te envíen renders y/o animaciones del escenario, del montaje, de la iluminación. Si vas a contratar algún artista o conferencista, solicítale un demo. Si ingenias una decoración específica para el evento, incorpora imágenes de referencia (cuida de no introducir fotos de un evento de un competidor de tu cliente). Tal vez puedes presentar muestras físicas de artículos promocionales, obsequios, gafetes y demás.

Nárrale las actividades o tours, qué experiencia vivirán en ese lugar, por qué es especial ese restaurante, cómo el obsequio apoya a comunidades locales. Explícale cómo funcionará la aplicación para el evento o la herramienta para encuestas (que quizá no ha utilizado), cómo mejorar sus sesiones de trabajo... En pocas palabras, hazlo sentir, apela a todos sus sentidos.

TRUCO INFALIBLE: Hazlo fluido. Imagínate tú del otro lado de la mesa. ¿Lo que presentarás te emociona? ¿Hay alguien en tu equipo que se desataca al presentar la parte creativa? ¿Estás preparado para responder preguntas sobre cuestiones técnicas o necesitas el apoyo de un experto en ello? La magia también se hace de forma colectiva; trabajar en equipo nos fortalece.

Nuevamente, todo depende del tipo de reunión. No es lo mismo presentar la propuesta de salas de juntas para reunir a 10 personas, que la de una convención anual o una fiesta de fin de año. Evalúa qué necesitas en cada caso, pero procura claridad hacia el cliente en aquello que le estás vendiendo. Abstente de crear una falsa expectativa.

No está demás insistir en que **toda tu propuesta (económica y creativa)** debe tener las siguientes características:

- Incluir todos los elementos indicados en la solicitud.
- Satisfacer las necesidades del evento a través de su diseño.
- Responder a los stakeholders determinados por tu cliente.
- Coincidir en ambos aspectos: precio y diseño. Algo mostrado en un render sin un precio señalado, se puede asumir como gratuito. Algo cotizado sin claridad visual, puede generar una idea errónea o desencanto. ¡Revísala más de una vez!
- Apegarse al presupuesto asignado. Si realmente no logras ajustarte a él (en ocasiones, los presupuestos no son realistas contra los requerimientos), explica las alternativas o los ingredientes opcionales que podrían eliminarse sin demeritar la calidad.
- Enfatizar tus valores agregados. ¿Por qué tú y no alguien más? ¡Sé persuasivo!

- Señalar los medios disponibles para probar el valor del evento al término: si realizas una encuesta, entregas estadísticas sobre los asistentes, analizas el flujo de visitantes o cualquier otro conjunto de datos útiles.

Haz todo lo que esté en tus manos para conseguir el proyecto. Ofrece todo lo que esté a tu alcance, pero cuida tus costos. **Haz promesas que puedas cumplir**.

Así, el mágico momento en que el cliente te confirma el evento ¡¡será uno de los más felices de tu día!!

Bueno, no tan rápido... Es posible que debas entrar a una segunda ronda, agreguen o quiten ingredientes, se presenten ajustes, pero eventualmente llegarás allí y se te dibujará una enorme sonrisa en el rostro. También, si es algo sencillo, puede ser que pases directamente a la firma de contratos, o que hagas una escala y programes una visita de inspección.

Manos a la obra con lo que sigue.

5.6   EXPLORAR EL TERRENO (Visita de inspección)

Salvo que se trate de una sede recurrente, un evento muy básico o alguna situación por el estilo, deberás programar una visita de inspección (o site inspection o scouting, como prefieras llamarlo) con tu cliente, o al menos, tú y cualquier proveedor pertinente que requiera conocer, medir o evaluar el lugar.

Una cosa es lo visto en fotos o videos y otra la realidad. Por supuesto, se espera una gran similitud entre ellos, pero debes asegurarte de que sea así. Aunque tengas los planos del salón, en vivo puede "aparecer" una columna, un candil, una puerta de emergencia no señalada o lámparas poco funcionales. Esa bella fotografía de la habitación no retrata aromas. En fin, mejor acude a la sede y confírmalo en vivo.

Cuando se trata de un evento local, todo resulta más sencillo, incluso si visitas varias sedes potenciales. Pero si existe un viaje implicado, hay gastos por considerar.

Cualquiera que sea el escenario, debes determinar lo siguientes aspectos, según aplique:

- Cuántas personas irán por parte del cliente, cuántas por parte de la agencia, si necesitas, por ejemplo, a la productora o a cualquier otro proveedor esencial.
- De cuánto tiempo disponen o cuánto tiempo se requiere para cubrir todo.
- Qué sedes cotizadas se visitarán (por ejemplo, si ya eligieron un hotel o quieren verlos todos).
- Qué actividades o tours desean probar.

- Qué apoyos te ofrece cada sede a visitar: hospedaje (cuántas habitaciones o cuartos noche), alimentos.
- Qué apoyos te ofrece el DMC: traslados, tours o actividades.
- Qué soportes te ofrece la aerolínea (en caso de que tengas un bloqueo grupal).
- Si hay restaurantes involucrados, querrás hacer una degustación. ¿Hay alguna cortesía o descuento?
- Si es local, si todos se encontrarán en la sede o programarás traslados.

Tratándose de un evento foráneo, desde tu cotización considera estas inclusiones, de modo que cuando te definan los puntos anteriores, puedas ver qué consigues, qué absorbes y qué necesitas cobrar. Ahora, si se trata de un circuito, un incentivo al otro lado del mundo, un crucero de siete días, determina qué es factible hacer o de qué forma validarás lo que no puedan inspeccionar. Asimismo, si tienes cinco ciudades cotizadas, visitarlas todas es poco viable, a menos de que se trate de un congreso mundial dentro de tres años y el presupuesto sea amplio.

Ten en cuenta que una visita de inspección es una herramienta para elegir la sede más adecuada para el evento, probar los servicios, resolver dudas, encontrar riesgos potenciales, pero NUNCA ES UNA OPORTUNIDAD DE VACACIONAR, ni solo, ni con la pareja, ni con la familia. Regularmente, las visitas se programan en días laborables, aunque es el cliente quien fija la fecha.

Es cuestión de ética, pero lamentablemente, tanto clientes finales como agencias, a veces confunden los objetivos y abusan de los proveedores. Peor aún, cuando saben de antemano que ni siquiera les generarán negocio. Abstente de prestarte a estas prácticas y asiste a algún *fam trip* (viaje de familiarización), cuando se presente la oportunidad y sea redituable para las partes. Si deseas conocer algún sitio un fin de semana (solo porque quieres hacerlo), bien puedes solicitar una tarifa especial o quizá te ofrezcan alguna cortesía en atención a tu producción potencial. Una cosa es no lograr concretar un negocio y otra que el negocio sea producto de tu imaginación.

Igualmente, sé claro con tus proveedores con respecto a la etapa en la que se encuentra la negociación y sus posibilidades. Es momento de que saquen el as bajo la manga para conseguir que tu cliente, así como tú o tu agencia, queden satisfechos con el costo-beneficio.

Ahora, **¿qué necesitas revisar durante una visita?**

Ciudad

- Aeropuerto(s) disponible(s) y distancia al hotel.
- Observa la ruta de salida del aeropuerto, para que puedas hacer un claro instructivo a los participantes y sepan a dónde dirigirse. Algunos

aeropuertos son pequeños y solo tienen una salida, pero otros tienen múltiples salas y pueden resultar confusos.

- Terminal de autobuses o trenes y distancia al hotel.
- Disponibilidad de servicios de emergencia: hospitales, bomberos, seguridad pública.
- Oferta de servicios, como papelerías, bancos, supermercados, centros comerciales.

Transportación local

- Meet & Greet. Calidad de la bienvenida, amabilidad del personal. Nota pequeños detalles que te alerten, pues es normal que se ponga mayor esmero al recibir a los VIPs que al común de los participantes.
- Calidad de los vehículos y seguridad con que los conducen.
- Si no se proveerá transportación para todos los participantes, revisa disponibilidad, ubicación y procedimiento para taxis o transporte público.
- Tiempo efectivo de traslado, posibles condiciones de tráfico, cierres, obras.
- Cualquier protocolo existente o que necesites implementar.

Hotel

- Estado físico general (motor lobby, lobby, recepción, áreas públicas, playa, etc.), así como accesibilidad (por ejemplo, rampas y elevadores de tamaño adecuado).
- Atención de bell boys, y recepción. Si a ustedes, como VIPs, no los atienden con prontitud y amabilidad, puedes preocuparte por lo que sucederá con tu grupo.
- Área de registro para grupos (para habitaciones).
- En **habitaciones**, conoce todas las categorías por utilizar.
  - Revisa el estado físico de cerraduras, iluminación, muebles, alfombras, televisión, limpieza, decoración, caja fuerte. El baño suele ser uno de los puntos críticos.
  - Los aromas cuentan.
  - Observa qué amenidades se proveen (agua para beber, artículos de tocador, batas, pantuflas).
  - Ve si hay cafetera o minibar (con o sin cargo adicional).
  - Si te hospedas, también considera la comodidad de la cama, la funcionalidad de la regadera, los ruidos cercanos. Trata de probar el servicio a cuartos (room service) y de ama de llaves.
- Política de propinas a bell boys y camaristas. Por lo regular, son forzosas en el caso de bloqueos grupales.
- Estado físico y calidad en el servicio de restaurantes y bares. Procura agendar alguna visita, para vivir la experiencia. En el caso de todo incluido, ve si todos los centros de consumo entran en el paquete.

- Apariencia de alberca y playa. Ruido, áreas de descanso, disponibilidad de toallas y equipos, calefacción. Si programarás alguna actividad, asegúrate de que el área sea suficiente y ofrezca privacidad, tanto para el grupo como para los demás huéspedes.
- Gimnasio, áreas deportivas y spa. Visita las instalaciones, conoce el equipo disponible, tratamientos y horarios. Revisa si aplica algún descuento aplica para los participantes o si puedes programar algo para pequeños grupos.
- Disponibilidad de servicio médico y convenios con hospitales cercanos.
- Otros servicios disponibles, como lavandería, concierge, niñeras, tabaquería, boutique, paquetería.
- **Salones:**
  - Revisa la distancia a recorrer desde las habitaciones y la facilidad para ubicarlos y llegar.
  - Espacio para montaje de registro.
  - Foyer compartido o privado, si permite presencia de marca, pequeños stands o activaciones.
  - Dentro del estado físico, revisa puertas, alfombras, paredes, plafones, aire acondicionado, estrado. Importante confirmar la altura libre del salón (sin candiles o plafones), porque esto puede afectar el montaje de escenografía.
  - Con frecuencia, la iluminación representa un problema, si no es suficiente o no es posible regular su intensidad.
  - Disponibilidad de puntos de colgado y grúa (con o sin costo).
  - Existencia o necesidad de planta de luz.
  - Mesas, sillas y mantelería disponibles, así como pista de baile.
  - Mejor si te hacen una prueba del montaje requerido (claro, si son mil personas, quizá no sea práctico, pero podrás ver una sección).
  - Observa las salidas de emergencia.
  - Revisa la velocidad del internet y la recepción de tu celular en el interior.
  - Accesibilidad para equipo y mobiliario, ubicación de la entrada para proveedores, disponibilidad de montacargas, horarios para montaje y cualquier posible restricción.
  - Disponibilidad y costo de guardias de seguridad para el evento o para un salón específico (indispensable cuando dejes equipo montado por más de un día o cuando los participantes puedan dejar objetos personales mientras realizan actividades afuera).
- **Áreas para eventos privados:**
  - Cargos por desplazamiento aplicables (comunes en hoteles todo incluido, cuando el grupo solicita funciones privadas; algunos hoteles plan europeo incluyen ciertos espacios, pero suelen aplicar cargos adicionales si el montaje es en la playa).
  - Accesibilidad, iluminación habitual en el camino y en el sitio, disponibilidad de baños.
  - Distancia desde la cocina (puede ocasionar retrasos si se encuentra lejana).

- Restricciones de horario y sonido.
- Materiales o equipo adicionales para hacer el sitio confortable, como tapetes para la playa, refuerzo de iluminación, anclaje de escenografía, etc.

- **Servicio de banquetes:**
  - Si es un todo incluido o un paquete armado para el grupo, revisa los menús aplicables a grupos.
  - Si es un plan europeo y has cotizado todo por separado, verifica el kit de banquetes para elegir lo adecuado con tu cliente.
  - Pregunta el esquema de servicio; por ejemplo, cuántos capitanes, meseros y cantineros asignan.
  - Solicita fotos del montaje de buffets o estaciones de servicio especiales, para darte una mejor idea de cómo lucirá.
  - Solicita menús especiales, sugerencias del chef, adaptaciones para dietas especiales, incorporación de logos o colores corporativos, todo aquello requerido por el grupo o que permita diferenciar la experiencia.

- **Equipo audiovisual y producción:**
  - Si lo contratas a través del hotel o con su compañía in-house, asegúrate de conversar con ellos para revisar los requerimientos.
  - Si llevarás tu propio proveedor de audiovisual o producción, valida si hay cargos por desplazamiento, alguna restricción o si debe contratarse a un supervisor de montaje, por ejemplo.
  - En el segundo caso, cerciórate de que revisen la ubicación de tableros eléctricos, pasos de gato, rieles de mamparas, salidas de emergencia y todo aquello que pueda afectar el layout de su montaje.

- Señalizaciones. Pregunta qué permite el hotel colocar y en dónde. Algunos solo autorizan presencia de marca en el salón y foyer; otros, señalización desde la entrada.

- Internet. Averigua si tiene costo adicional o está incluido en la tarifa; si está disponible en todo el hotel o solo en habitaciones; si se requiere servicio especial en los salones.

- Centro de negocios. Salas disponibles, costo de impresión o fotocopias, renta de equipos o compra de artículos de papelería. (Suelen ser servicios costosos, así que procura llevar tus materiales. No obstante, las emergencias ocurren y es mejor si identificas previamente sus opciones).

- Importante: valida si para esas fechas habrá otros grupos en el hotel y de qué segmento, especialmente si el cliente no puede compartir con otros (pocas veces será buena idea coincidir con su competencia, pero puede tener restricciones adicionales).

- Uno puede enfrentar desagradables sorpresas cuando llega en avanzada al evento y se encuentra con obras de remodelación en el hotel o reparaciones por inundación. Pregunta si se tiene algún proyecto de ese tipo planeado para esas fechas o si la zona donde se ubica tiende a tener problemas con inundaciones, fallas eléctricas, bloqueos, etc.

- Estacionamiento y valet parking (con o sin costo), así como altura del motor lobby para la entrada de autobuses. Si estos deberán permanecer en el hotel, valida si hay estacionamiento disponible o dónde se ubica el sitio más cercano.

Centro de convenciones, exposiciones o congresos

- Puedes tomar todos los puntos en el apartado de HOTEL, a partir de "Salones".
- Estado físico general (motor lobby, lobby, escaleras eléctricas, áreas públicas, baños, guardarropa), así como accesibilidad (rampas y elevadores de tamaño adecuado, estacionamiento exclusivo, entre otros).
- Disponibilidad de centros de consumo para alimentos no programados (snacks, cafeterías o restaurantes).
- Revisa cuidadosamente todos los cargos aplicables en la sala, que no suelen existir en un hotel, como limpieza, seguridad, bomberos, servicio médico.
- Distancia del hotel u hoteles sede.

Tours o actividades recreativas

- Si estás colaborando con un DMC (como sería lo más conveniente), él te ayudará a coordinar accesos, recorridos completos o exprés, según requiera tu agenda. Si no, deberás coordinar con cada proveedor.
- Si hay una transportación especial para la actividad, conoce el tipo de vehículo y comprueba su confort y seguridad.
- Valida el tiempo de traslado y asegura que tu cliente esté de acuerdo con ello, sobre todo si implica viajar 90 minutos para llegar a un parque.
- Revisa la apariencia de los accesos, filas rápidas para el grupo, recepción especial.
- Grupo privado o compartido con otros, y posibles objeciones.
- Capacidad máxima.
- Certificaciones de seguridad y política de deslinde de responsabilidades (como admitir que se trata de un deporte extremo y si el participante no acata las instrucciones, el parque no será responsable por un accidente).
- Posibles alimentos programados o disponibles.
- Oferta de paquetes de fotografías o souvenirs personalizados, y si serán a cargo del grupo o del participante.

Eventos híbridos y virtuales

- El "recorrido" puede ser un demo de la plataforma a utilizar: cómo lucirá el foro virtual, qué tan amigable es la herramienta con los usuarios, si implica descargar ciertos programas, cómo funciona con otras aplicaciones integradas.

Desarrolla una agenda o programa o minuto a minuto (como prefieras llamarle) con todo por abarcar. Asesórate con las sedes y DMCs acerca del tiempo mínimo indispensable para traslados y recorridos, y compártelo con todos los involucrados, incluyendo los puntos que esperas cubrir, de modo que no pierdan tiempo durante la visita.

Igualmente, lleva una lista de contactos para que tú o el DMC puedan notificar cuando se encuentren en camino, así no perderán tiempo en el acceso, pero ellos tampoco si hay algún retraso por tu parte.

TRUCO INFALIBLE: ¡Toma notas y fotos! Cuando ves múltiples lugares y hablas con muchas personas, los recuerdos pueden ponerse borrosos. Documenta todo lo posible.

Los viajes de inspección pueden ser agotadores, porque aprovechas cada minuto del día para ver mil cosas, pero también suelen ser divertidos, pues permiten que tu cliente y tú disfruten de un poco de la experiencia potencial para los participantes. Regularmente, los proveedores se esmerarán para consentirlos y convencerlos de que son la mejor opción. **Sé objetivo y observador**, pues, como he mencionado, el que a ustedes los traten como VIPs, lamentablemente no siempre equivale a que tratarán a cada participante con la misma calidez, aunque deberían. ¡Agudiza la mirada y los instintos!

También es una oportunidad de acercarte a tu cliente y escuchar u observar lo que no ha dicho. Nota qué le agrada y qué no, oriéntalo, dale recomendaciones y sí, también impulsa la opción que tú consideres más adecuada. No solo porque tendrás una mejor comisión o el ejecutivo de ventas es tu amigo, sino porque genuinamente consideras que será la mejor solución para ese evento en particular.

La cuestión es terminar de enamorar a tu cliente con la idea, y que todos estén tranquilos de que lo que se propuso es factible de realizar, en los términos deseables con respecto al confort, seguridad, compliance y demás. ¡Lanza el **hechizo final** para convencerlo!

Posterior a la visita de inspección, si el cliente no ha tomado una decisión en el momento, tendrás que entregar un reporte o resumen de lo que vieron. Es común que queden puntos pendientes por aclarar o renegociar, así que prepara y envía tu propuesta ajustada. ¡Hazlo cuanto antes! Regularmente, esta se someterá a evaluación de alguna persona o comité. Toma tus precauciones y solicita un bloqueo tentativo a tus proveedores, en tanto el cliente confirma, para no arriesgar los espacios. Recuerda informar el tiempo límite al cliente también.

Después de ir y venir con tu propuesta, ¡el cliente por fin confirma el evento! Ahora sí, puedes comenzar a saltar de alegría. Te lo mereces.

5.7   CLARIDAD EN LOS ACUERDOS (Contrato)

¡Felicidades, el evento es CASI un hecho! El **efecto mágico** se siente cada vez más real, pero es momento de poner en papel todos los acuerdos. Como dicen: ¡papelito habla! Indistintamente del tipo de evento, su tamaño o duración, establece por escrito la contratación de los servicios.

> **TRUCO INFALIBLE** (para salvar tu vida, tu trabajo o tu chequera): Siempre ten un soporte por escrito de cualquier acuerdo, confirmación, cambio o cancelación, sea de tu cliente, tu proveedor o tu compañero de trabajo.

En la era digital, donde la inmediatez es una obsesión, la gente tiende a pedir, cotizar, confirmar, cambiar o cancelar servicios por medio de mensajería instantánea. Sí, es muy útil para dar pequeños avisos, resolver dudas urgentes y hasta confirmar o cambiar algo, pero asegúrate de tener un respaldo más formal tan pronto puedas. Lo más sencillo es con un correo electrónico, pero si hay grandes cambios, es mejor hacer un *addéndum* al contrato o convenio. Sobre todo, cuando te encuentras en el ajetreo de un evento y el estrés de los días previos, dispones de menos tiempo, atención y memoria. **No lo dejes al azar**.

Entremos en materia. Definamos: un *contrato* es un arreglo entre dos o más personas o entidades que establece una relación jurídica entre ellas y señala los derechos y obligaciones de cada parte, mismos que pueden modificarse, transferirse o extinguirse al amparo de la ley.

Un contrato debe contener lo siguiente:

- **Capacidad de ejercicio.** Los firmantes del contrato deben tener autoridad para firmarlo. Si es una persona física, debe ser mayor de edad y estar en pleno uso de sus facultades mentales. Si es una persona moral, el individuo que lo firme debe estar autorizado por la empresa u organización para hacerlo, sea el representante legal o el dueño del evento.
- **Consentimiento.** Las partes firman voluntariamente, no por intimidación, dolo, violencia o equivocación. (¡Claro, deseo que siempre sea tu caso!)
- **Objeto.** Son los bienes o servicios contemplados en el intercambio derivado del contrato (digamos, los servicios y el pago correspondiente).
- **Causa.** Es el motivo o fin del contrato (en nuestro caso, el evento en sí).
- **Forma.** La ideal es la escrita y lo mejor es firmar todas las páginas al margen, además de la firma final de aceptación.

Es posible que el cliente, especialmente cuando se trata de grandes corporativos, te pida firmar un contrato redactado por su área legal. Por lo regular, esto incluye todas tus obligaciones, pero deja fuera las políticas de cambios, reducciones o cancelaciones. Ve la manera de integrar los puntos más importantes, negociando que acepten la adición de cláusulas o páginas específicas o la anexión del presupuesto mismo, donde puedas estipular estas condiciones. Siempre vamos con la mejor disposición y la esperanza de obtener los mejores resultados; sin embargo, pueden darse circunstancias fuera de tu control, que se convierten en un grave problema.

Si eres tú (o tu agencia, tu área legal, tu abogado) quien redacta el documento, cuida de incluir todas las especificaciones que los protejan a ti y a tu cliente. Al ser un intermediario, asegúrate de contemplar y negociar las condiciones de tus proveedores. Por ejemplo, si el acuerdo con el hotel es que solo podrás cancelar el 10 % de las habitaciones bloqueadas a más tardar 30 días previos al evento, el contrato con tu cliente no puede exceder ese porcentaje, ni permitirlo a menos de 30 días, salvo que seas suficientemente espléndido para patrocinarlo (sarcasmo).

Por ello, tan pronto tengas la confirmación de tu cliente, confirma a tus proveedores y solicita cuanto antes sus contratos. Léelos y negócialos en los mejores términos posibles antes de proceder a la redacción del contrato a firmar con tu cliente.

En resumen, **ese documento deberá incluir la traducción formal de todo lo presupuestado y aprobado:**

- Datos completos de las **partes contratantes** (nombre de la persona física o moral y su representante, domicilio, datos fiscales y datos de contacto).
- **Fecha** del documento (cuando lo envías) y fecha de la firma (cuando tu cliente lo acepta, que no suele ser el mismo día). ¡Imprescindible: señala la fecha límite para firmarlo!
- Nombre de la **persona autorizada** para solicitar cambios (el dueño o coordinador del evento por parte del cliente).
- Descripción de cada **servicio contratado**.
  - Detalle o especificaciones de cada elemento: tipo de habitación, características del menú, tipo de vehículo, nombre del salón, etc.
  - Inclusiones: alimentos en la tarifa de habitación, platillos en el menú, bebidas en la barra, horas del salón, amenidades en los traslados, por mencionar algunos aspectos.
  - Cantidad: habitaciones, personas garantizadas, traslados, días o veces y demás.
  - Costo individual, impuestos y cargos por servicios aplicables.
- **Cortesías, concesiones, beneficios.** Sean por parte tuya o de tu agencia o negociadas con los proveedores (por ejemplo, cortesías por cada cierto número de habitaciones pagadas). Recuerda indicar las condiciones para aplicarlas, como un mínimo de servicios efectivamente utilizados y pagados.

- **Programa** del evento (resumido). La forma de reflejarlo dependerá de las características del evento; quizá hagas una tabla por cada sesión, donde describas todos los servicios para ella; tal vez señales día por día qué salones se usan; a lo mejor te sirve para señalar los tours por día. Si tu evento es solo una sesión de un día, bastará con que indiques horario de principio y fin.
- **Fecha límite** para confirmar servicios cotizados pero pendientes por alguna circunstancia (por ejemplo, si especifica la contratación de vuelos con lista de participantes aún por confirmar).
- **Política de cambios:**
  - Aspectos o ingredientes sujetos a cambios.
  - Fecha límite para notificación por escrito.
  - Posibles cargos por cambios extemporáneos (esto es común si te piden un cambio de montaje de última hora, si aumentan la garantía de alimentos unas horas antes del servicio, si hacen cambios a un diseño gráfico ya aprobado o cambios en una lona ya impresa, entre otros).
- **Política de reducciones y/o cancelaciones:**
  - Porcentaje o cantidad permitida, o mínimo por mantener (attrition).
  - Fecha límite para notificación por escrito.
- **Condiciones de pago:**
  - Porcentaje o monto y fecha de cada uno (conviene adjuntar el presupuesto aprobado).
  - Posibles condiciones de crédito y de cargos por pagos moratorios.
  - Forma de pago.
  - Datos de facturación.
- **Tus obligaciones.** Cuáles son tus tareas como Meeting Planner, a qué te comprometes, cuál es el alcance de tus responsabilidades, qué pasa si no lo cumples.
- **Política de uso de instalaciones.** Posibles restricciones en el horario de eventos o montajes, cuáles son las consecuencias si se provoca un daño al lugar, cómo se determinan los cargos, etc.
- **Cláusula de caso fortuito o fuerza mayor.** Es muy importante incluir esta cláusula, porque señala situaciones poco esperadas pero factibles, que no están en tu control, ni el de tu cliente o tus proveedores (ver *Anexo 1 – Terminología*) y que pueden llevar a una terminación del contrato.

Similar al presupuesto, cuando termines de redactar el documento, déjalo reposar y luego haz una lectura final para asegurarte de que nada haga falta, ni hayas olvidado borrar algún dato de otro evento. Compáralo con el presupuesto aprobado.

El contrato es una parte muy delicada porque cualquier acuerdo no escrito y firmado puede no ser admitido en una factura. En el curso de la planificación y la operación, pueden surgir innumerables modificaciones mínimas, soportadas con un correo electrónico, una lista de participantes, un manifiesto de vuelos, un rooming list o similar. Pero si se llega a dar un cambio sustancial, como la fecha del evento, cambios mayores en las garantías, inclusión o cancelación de servicios medulares, lo más conveniente es redactar un addéndum al contrato.

Este también es un documento formal, porque incluye los datos de los firmantes, la fecha y los aspectos cambiados (cómo estaba y cómo queda: nuevas fechas, nuevo bloqueo de habitaciones, nuevas garantías, descripción de los servicios añadidos o lo que aplique). Asimismo, contiene una leyenda para indicar que el resto de las condiciones permanecen. Por supuesto, deberá ser firmado por ambas partes.

TRUCO INFALIBLE: Señala en tu contrato que ningún acuerdo verbal o escrito sustituye lo convenido, por lo que cualquier modificación al contrato mismo deberá ser acordado y firmado por ambas partes. En otras palabras, no comprometas exenciones a las políticas del contrato, ni cambios sustanciales en una llamada telefónica. Recuerda que, a la vez, tú tienes políticas por cumplir con tus proveedores.

Cuando hayas firmado el contrato con tu cliente, podrás firmar los contratos con tus proveedores. Comprenderás que hacerlo en orden inverso, te pone en riesgo frente a arrepentimientos o cambios de opinión del cliente, sin que tú estés cubierto.

Según lo acordado con todas las partes, podrás comenzar a programar facturas y pagos.

Ahora sí, siéntete lleno de magia porque el evento, formalmente, ¡es un hecho! ¡Festejemos!

5.8   EL COMPLEJO ARTE DE MEZCLAR LOS INGREDIENTES (Logística)

¡¡¡POR FIN es tiempo de cocinar la poción!!! Es hora de poner en práctica todo lo aprendido, de transformar eso cotizado y contratado, en un plan de acción. Es momento de preparar toda la logística para facilitar la operación del evento, convertir el sueño en realidad y la receta en hechizo poderoso.

De acuerdo con los ingredientes de tu evento, pueden entrar en juego diferentes herramientas con distintos proveedores; por ejemplo, aquello necesario para construir un sitio web, realizar un registro en línea, estructurar apps, diseñar un webinar o una actividad de team building... Te sugiero armar un calendario, un diagrama de Gantt, que trabajes con alguna aplicación para administración de proyectos, un check-list o similar, para que tengas claro qué debe hacerse, cuándo y quién es responsable de cada tarea.

Establecer fechas límite para entregar cada pieza del proyecto, permitirá que el resto de las piezas funcionen o se activen cuando debe ser. Integra allí también los plazos para confirmar garantías con tus proveedores, cancelar o reducir servicios, entre otros aspectos. Mantén el orden lo mejor posible y actualiza siempre que sea pertinente. Prográmate recordatorios para las fechas clave.

Hablemos ahora de los instrumentos que con mayor frecuencia te ayudarán a concentrar toda la información indispensable para lograr operar tu evento: agenda operativa, cronológico de vuelos, rooming list, lista de participantes y hoja de contactos.

A. AGENDA OPERATIVA

La agenda operativa o programa o minuto a minuto del evento se volverá tu "biblia" y la del equipo, durante todo el evento. Es el documento al cual recurrir para saber qué sucede, a qué hora, en dónde, con cuáles recursos y quién es responsable de esa función en particular durante el evento. Debe ser una referencia común para todos:

- **Tu equipo** (el staff de operación o coordinadores). Porque, aunque cada persona tenga tareas asignadas, ante alguna contingencia o retraso de actividades, alguien más debe poder dar continuidad en lugar del responsable original.
- **Tus proveedores** (sede, audiovisual o cualquiera que tenga una función durante el desarrollo del evento). Esto es, podrías hacer un programa resumido (como el que entregas a los participantes), pero si el fotógrafo no sabe que en el minuto X de la sesión Y sucederá algo importante, ¿cómo estará atento para capturar el momento?
- **Tu cliente**. Claro, porque es su evento, pero es común que no recuerde el nombre de cada salón, a qué hora puedes mostrarle el montaje, etc. Ver lo mismo que tú, puede darle tranquilidad y control, aunque no sea quien supervise las actividades.

Por supuesto, esta agenda operativa deriva del programa que tu cliente haya preparado internamente, o contigo, por lo que debes transcribir con cuidado todas las etapas, equivalentes a todo lo que has cotizado. Haz consciente al cliente sobre la vital importancia de contar con este programa con suficiente anticipación, porque primero lo trabajarás tú y luego deberás compartirlo con tus proveedores para hacer lo propio. ¡Podrás suponer lo que sucede si lo envías un día previo!

La información no se monopoliza. Probablemente haya algún detalle confidencial reservado solo para tu cliente y deba quedar fuera de un documento compartido, pero todo lo que ayude a la futura operación es en pro del evento. Es un instrumento en el que invertirás tiempo considerable; sin embargo, te salvará de muchos contratiempos.

> **TRUCO INFALIBLE:** El cuidado puesto en el armado de la agenda se reflejará en la fluidez de la operación. Sé tan detallista como puedas, aunque te digan que exageras. Cualquiera que la tenga en la mano debería ser capaz de saber qué sigue y qué debe hacer. Todos los involucrados en la operación deben tenerlo; en tu oficina debe haber un respaldo; debes tener más de una copia física y digital. Siendo un poco dramática y fatalista, imagina ser abducido por un ovni y nadie tiene idea de qué hacer, excepto tú, cuya agenda quedó en Marte.
> También, asigna las tareas de tu staff de acuerdo con su perfil, para que aproveches sus capacidades y puedas enfocarte en tus responsabilidades, entre ellas, cuidar de tu cliente.

La agenda operativa debería contener lo siguiente:

- Hora de inicio y término de la actividad.
- Conviene restar ambas horas para indicar la duración y así tenerla como referencia. Esto es útil cuando se asigna tiempo idéntico a varios ponentes o debes calcular los minutos asignados a cada segmento.
- Nombre de la actividad. Entre otras, también señala la hora del llamado (a qué hora debe presentarse todo o parte del staff) y la hora a la que el montaje debe estar listo para tu revisión (propicia que el lugar o la producción anticipen su trabajo).
- Lugar específico donde se desarrolla (sitio del hotel, nombre del salón, nombre del restaurante, identificador de un break-out virtual).
- Persona(s) responsable(s) de supervisar o realizar cada actividad (el coordinador de la agencia, el contacto del hotel, el técnico de audiovisual y todos quienes consideres pertinente).
- Persona que participa por parte del cliente (Si aplica; por ejemplo, representantes asignados para moderar grupos de trabajo o responsables de resguardar los diplomas para la ceremonia).
- Detalles de la actividad (menú a servir, cuántas mesas se montan y con qué mantelería, de qué lado se coloca el pódium, en qué momento lanzar la pirotecnia, cuándo abrir el sondeo en un webinar).
- En sesiones donde hay una producción compleja que implica una secuencia minuciosa (una escaleta), me gusta incluir tres columnas más: audio, video e iluminación. Esto, para indicar qué micrófono usa el ponente, cuál es su presentación, el encendido o apagado de luces, a fin de facilitar al staff de producción la identificación de sus tareas.

En el *Anexo 3 – Ejemplo de Agenda Operativa*, hallarás el formato que suelo utilizar y que podrás personalizar de acuerdo con tus eventos. Me agrada emplear colores diferentes para montaje, servicio de alimentos y para todo lo demás. Es una forma rápida de distinguir las distintas funciones.

Soporta tu información con el plano del montaje o algún render, tanto de la escenografía como de las mesas. Puede ser un plano elaborado por ti (existen aplicaciones para ello) o por la casa productora o la sede (particularmente por las características de su mobiliario y pasillos). Facilitar su visualización clarifica para todos cómo deberá lucir y hace más sencilla la supervisión.

B. CRONOLÓGICO DE VUELOS

Independientemente de si tú tienes el control de las reservaciones, lo tiene otra agencia, o lo hizo cada participante y solo te envió su información, en este instrumento se concentra la información de todos los pasajeros, sus vuelos y, en su caso, tarifas pagadas. Encontrarás un formato sugerido en el *Anexo 4 – Cronológico de Vuelos*.

El cronológico o manifiesto de vuelos debería contener lo siguiente:

- Nombre completo del pasajero.
- Ciudad de origen.
- Clave de reservación.
- Vuelo de ida: fecha, número de vuelo (aerolínea y vuelo), hora de salida y de llegada). Puede incluir más de un segmento, si hay conexiones (Colima-México y México-Cancún, por ejemplo).
- Vuelo de regreso. Mismo caso que el punto anterior.
- Tarifa (si tú lo expediste).
- Observaciones (cualquier requerimiento especial o asunto pendiente).

Si tú no tienes control de las reservaciones, es probable que solo te compartan los vuelos principales (el de llegada al destino y el de salida del destino, no toda la ruta), pero conocer la ciudad de origen te puede ayudar a vislumbrar las posibles razones de que un pasajero no haya llegado, quizá por un retraso desde el primer segmento. Igualmente, lo más natural es que, en caso de pérdida de equipaje, el pasajero te pida ayuda; tener la mayor información posible de antemano, facilitará el rastreo.

TRUCO INFALIBLE: Mantén actualizado el cronológico todo el tiempo y señala los cambios.

Cuando tienes traslados aeropuerto-hotel y hotel-aeropuerto, usarás este mismo cronológico para coordinar los vehículos con el DMC o transportista. Puede ser que le funcione tal cual, aunque yo prefiero enviarlo ordenado por fecha, hora y apellido.

C. ROOMING LIST

Este instrumento, como su nombre lo indica, aplica cuando los participantes del grupo se hospedarán, sea que tú estés coordinando las reservaciones y realizando el pago de estas, o que solo hayas reservado y cada participante vaya a pagar individualmente. Debe ir amarrado con la cantidad de habitaciones bloqueadas y confirmadas con el(los) hotel(es), en cada categoría.

La siguiente es la información indispensable en tu rooming list:

- Nombre del huésped o huéspedes, si es una habitación compartida.
- Clave de reservación.
- Fecha de llegada y de salida. Conviene que calcules el número de noches (resta entre ambas fechas).
- Tipo de habitación (estándar, suite o lo que incluya tu bloqueo).
- Tipo de ocupación (sencilla, doble, triple).
- Tarifa aplicable por noche.
- Total de la estancia (por habitación y el gran total del bloqueo).
- Yo prefiero incluir también una sábana (desglose) con todas las noches, que me permite cuadrar noche a noche las cuentas con el hotel. Esto es, hay una columna por noche, donde aparece la tarifa aplicable para habitación (fila). Cada fila se totaliza y así es más sencillo identificar posibles discrepancias.
- Observaciones. Por ejemplo, solicitudes especiales, como VIP, tipo de cama, piso alto o bajo, cerca o lejos del elevador, almohadas hipoalergénicas, incluso si un huésped llega o sale antes que otro. También puedes indicar si el huésped pagará directo su estancia, un acompañante o una extensión de alojamiento.

El cuidado en la información enviada al hotel disminuirá la posibilidad de que haya confusiones al momento de ingresar las reservaciones. Además, habrá un respaldo en caso de que el personal de Recepción tenga un registro erróneo. Este documento puedes generarlo en algún sistema de gestión de eventos o lo puedes hacer directamente en Excel. Encontrarás un formato sugerido en el *Anexo 5 - Rooming List.*

TRUCO INFALIBLE: Cuando llegues al hotel, pide al coordinador de tu grupo que te entregue un rooming list impreso desde el sistema del hotel, para cuadrarlo con el tuyo. Más vale revisar que los nombres y estancias han sido correctamente capturados.

También vale la pena registrar o resaltar los cambios de nombres o fechas, pues, con frecuencia, las discrepancias vienen de algún cambio no registrado. Así no tendrás que buscar en todos tus correos electrónicos o notas.

D. LISTA DE PARTICIPANTES

Puedes tener eventos sencillos donde, además de tu agenda, solo requieras de una lista de participantes. Mi sugerencia es que, salvo que sea una cantidad mínima de asistentes que deban firmar para comprobar su asistencia, no la controles en papel. Bien puedes tenerla en Excel o exportarla desde tu sistema de gestión de eventos, e ir marcando allí a los asistentes efectivos. Esto te permitirá hacer correcciones en algún nombre, poner una nota, leerla (como una restricción para esta persona o una solicitud especial de dieta, por ejemplo), además de buscar con mucha mayor rapidez el nombre del participante.

E. HOJA DE CONTACTOS

Cuando tienes un solo contacto, porque se trata de una reunión pequeña y solo tú coordinarás el evento, podría ser útil colocar los teléfonos en la agenda misma. Pero si tienes múltiples contactos o proveedores y varios coordinadores de operación, conviene hacer una hoja de contactos.

Básicamente, es una lista de las personas a quiénes contactar, los responsables por parte de cada proveedor, además de tu agencia y tu cliente. Incluye tanto números de oficina como móviles. No es para compartir con todos los involucrados, solo con tu staff, para que puedan contactar a quien sea necesario cuando sea requerido.

En efecto, son decenas, cientos o miles de pequeños detalles, pero entre más los cuides, mejor preparado estará todo el staff para lograr que cada pequeña pieza funcione cuando y como debe hacerlo. **No des nada por hecho**; en este caso, más vale incluir lo obvio en apariencia, porque para alguien podría no serlo y originar el caos.

5.9 REPELENTES DE DRAGONES
(Gestión de riesgos y manejo de crisis)

En el siguiente capítulo hablaremos más ampliamente de los dragones (*6.1 Historias de Dragones Aparecidos*), pero por ahora, solo te diré que estos son aquellas amenazas para tu evento, esas pequeñas cosas que quizá obviaste o ni siquiera había forma de imaginarlas. **Los dragones son seres indeseables en tus eventos y necesitas una estrategia para ahuyentarlos**.

Todo lo revisado en el apartado 5.8 es un gran repelente, porque te permite visualizar lo esperado y darlo a conocer a todos los involucrados. No obstante, necesitas tener un plan de contingencia. Como dicen por allí: "espera lo mejor, pero prepárate para lo peor". A veces, pecamos de optimistas o confiamos demasiado en que todo el mundo está poniendo el mismo cuidado y no siempre resulta así. Nadie te puede garantizar que no lloverá, que nadie se excederá de copas, que ningún VIP será amenazado o que no habrá un bloqueo en la ciudad.

De lo que se trata es de anticiparse, contemplando lo siguiente[34]:

Con respecto a la sede

- Plan de emergencia y evacuación de la sede. Desde el scouting, pide que te muestren salidas de emergencia, puntos de reunión. Tampoco está demás que te expliquen brevemente cuál es su procedimiento de actuación, en caso necesario.
- Procura sedes ubicadas en zonas seguras, bien comunicadas.
- Disponibilidad de albergue, si el evento se llevará a cabo en sitios y temporadas propensos a huracanes, tsunamis, tornados o en zonas sísmicas.
- Monitoreo del pronóstico del tiempo atmosférico, más aún en eventos pensados en espacios abiertos. Tener un área de respaldo es elemental en caso de verse obligado a mover un acto al interior.

Con respecto a los seguros

- Por responsabilidad civil y daños a terceros: por parte de la sede, DMC, transportadoras, tours, casa productora o lo que consideres pertinente.
- Por responsabilidad civil y daños a terceros por parte de tu agencia, sea que disponga de él permanentemente o que lo contrate exprofeso para eventos críticos o a solicitud expresa de un cliente.

---

34   Para mayor orientación en mejores prácticas y sugerencias para estructurar planes de acción de emergencias, consultar: MPI Foundation, *The Essential Guide to Safety and Security*, 2017, disponible en: https://academy.mpiweb.org/mpi/articles/33/view

- Médico o por accidentes; algunas empresas (clientes) cubren a sus empleados con algo adicional a la seguridad social de ley. Entérate si disponen de ello y a quién notificar para hacerlo efectivo, en caso necesario.

Con respecto a la seguridad y la salud

- Alineación de reglas del evento con las de la sede o con las leyes aplicables localmente. Por ejemplo, cuando es un evento masivo o público, o si en la ciudad no se permiten barras libres con alcohol, el diseño de la reunión debe contemplar las disposiciones desde el inicio.
- Conocimiento de teléfonos de emergencia; ubicación de hospitales y centrales de bomberos.
- Contratación de ambulancia y paramédicos siempre que se trate de un evento masivo; o si el grupo estará expuesto al sol por períodos largos o llevará a cabo actividades deportivas.
- Prevención de golpes de calor, mediante la instalación de estaciones de hidratación bajo sombra. Por el contrario, para prevenir la hipotermia, avisa a los participantes, con oportunidad, la necesidad de portar ropa cálida y facilítales áreas donde puedan resguardarse.
- Atención a posibles vacunas requeridas para entrar a algunos países; notifica con suficiente antelación a los participantes.
- Ante situaciones emergentes o temporales, como en el caso de la pandemia por COVID-19, da seguimiento a todas las medidas dictadas por autoridades sanitarias, tanto para montajes con distancia social, controles de acceso, desinfección de instalaciones, manejo de alimentos, etc.
- Contratación de guardias de seguridad en eventos masivos, de tránsito intenso, en lugares extensos o abiertos, con participantes de alto riesgo, o donde se tenga equipo montado, expuesto y a la mano. La empresa contratada debe contar con certificaciones adecuadas y permisos de las autoridades de seguridad pública local.
- En eventos de alto perfil y alto riesgo (como de dignatarios, políticos, empresarios top, personajes controversiales o famosos), el personal de seguridad es indispensable. Incluso, es probable que el personal de cada uno de ellos requiera hacer inspección antibombas o similares. Además, se requerirán puntos de acceso estrictos, con arcos para detección de metales e inspección de bolsos, entre otros.
- Delimitación o aclaración del campo de acción del staff operativo y los guardias contratados, en contraste con las autoridades de seguridad pública.

Con respecto al staff operativo

- Control de acceso al evento y sus zonas específicas; puedes diferenciar con colores de gafetes, según el perfil del participante o staff, para facilitar la identificación en áreas u horarios restringidos.

- Contratación de staff suficiente, capacitado y confiable, de acuerdo con las características del evento: lugar donde se llevará a cabo, actividades, duración y cantidad de participantes.
- Capacitación y sensibilización de todo el staff operativo acerca de las situaciones de las cuales deben estar pendientes y cómo se espera que respondan ante ellas (por ejemplo, cómo y a quién notificar, qué o quién es la alternativa).
- Desarrollo y comunicación de políticas para responder ante posibles disturbios, como personas alcoholizadas o drogadas, acosadores, merodeadores, intrusos, impertinentes, así como amenazas, robos o similares.
- Vigilancia del consumo de alcohol; controla la cantidad de copas o las porciones servidas a los participantes. Evita el servicio de alcohol sin alimentos.
- En este apartado es oportuno mencionar a tus colaboradores. Aunque resulta más obvio poner al centro a tu cliente y los stakeholders del evento, la gente que trabaja contigo tiene gran importancia, por lo que su seguridad también constituye un factor relevante a considerar al momento de tomar decisiones. Como ejemplo, si debe determinarse la factibilidad de un evento presencial en medio de una situación potencialmente riesgosa, también debe considerarse la capacidad de la empresa para responder y soportar las posibles consecuencias económicas y sociales.

Con respecto al montaje y proveedores

- Respeto de puertas de acceso, salidas de emergencia, cantidad y dimensión de pasillos, ubicación de extintores y similares en el plano del montaje.
- Revisión de cableado, montaje de estructuras o equipo; dedica especial atención a aquellos elementos expuestos al tránsito de personas, para asegurar que estén fijos, cubiertos o señalados, con el fin de prevenir accidentes.
- En caso del uso (permitido) de pirotecnia, drones, globos y otros dispositivos regulados legalmente, asegúrate de tramitar lo pertinente y observar los lineamientos específicos.
- Entrega de lista de personal que cada contratista que ingresará al montaje, operación o desmontaje del evento, quienes deberán portar una identificación oficial para el punto de acceso, así como algún gafete que los identifique como parte del equipo.
- Al programar algún artista o conferencista famoso o controversial, conviene conducirlo por una ruta alejada de la multitud.

Con respecto a la tecnología y al equipo tecnológico

- Prueba de velocidad y estabilidad del servicio de internet, público o dedicado.

- Ciberseguridad; vigila que los equipos utilizados en todo el proceso (sea en tu oficina, en la operación y los de proveedores) tengan software licenciado (no pirata), actualizado y con los parches necesarios, así como antivirus, firewalls y protección antispyware. Respalda la información con regularidad.
- Comunicación de aviso de privacidad a los participantes, donde se garantice el correcto manejo de sus datos personales.
- Acceso a plataformas digitales, respaldos virtuales y similares, a través de usuarios y contraseñas individuales y seguros.
- Borrado de información de equipos compartidos o rentados que hayan sido utilizados temporalmente durante el evento.
- Uso de candados para laptops y equipos similares, sobre todo los que por momentos puedan quedar descuidados, para evitar hurtos.
- De ser posible, implementación de apps con función de notificaciones en tiempo real (push-up notifications) o confirmación de estatus, para avisar a los participantes sobre alguna emergencia y confirmar que se encuentran bien posteriormente.
- Establecimiento de más de una forma de comunicación.

Con respecto los traslados

- Planeación de rutas alternas por parte del DMC o transportadora, en caso de bloqueos o accidentes de tránsito.
- Garantía de mantenimiento regular de los vehículos a utilizar.

Con respecto a los participantes

- Informe de lista de recomendaciones a los participantes registrados, no solo en lo referente a código de vestir, sino a consideraciones de seguridad en la ciudad, la sede, situaciones de salud, etc. Por ejemplo, si han de trasladarse en taxis, oriéntalos acerca de dónde tomarlos, cómo son, cuánto cuestan aproximadamente.
- Disponibilidad de instalaciones adecuadas para personas discapacitadas (rampas del ancho e inclinación adecuadas, barandales, tamaño de elevadores, anchura de puertas, habitaciones con equipamiento necesario, señalizaciones en braille, entre otros).

Ahora, si lamentablemente ha surgido alguna situación, debes procurar mantener el control de esta en la mejor forma posible. El objetivo es minimizar lesiones y pérdida de vidas, pérdidas materiales, impacto económico, así como estabilizar la situación lo antes posible, protegiendo la imagen de las marcas involucradas y reduciendo las consecuencias legales.

Aunque ni tú ni tu staff o tus proveedores hayan sido los causantes de alguna emergencia, siempre considera el problema como tuyo, porque eres tú quien ha organizado el evento y eres responsable de cuidar a tu cliente. No se trata de que tú vayas a apagar un incendio, a curar a un lesionado involucrado en una pelea, a reponer un celular olvidado en una silla o a aplacar una manifestación; pero saber a quién acudir, tener los recursos correctos y disponibles, apoyar en el proceso de una reclamación, significa que no te has deslindado sino preparado. Demuestra que tu interés es estar al lado de tu cliente.

Es indispensable saber quién, por parte de tu cliente y de la sede, son las personas adecuadas a quienes notificar eventualidades y quiénes pueden tomar decisiones.

Tu plan de contingencia (o el que tu cliente elabore) debe evaluar los riesgos potenciales (¿qué puede salir mal?), prever cómo pueden escalar hasta convertirse en una crisis (¿cómo afectará si sucede?) y establecer un procedimiento para manejar tal situación (¿cuáles son los pasos por seguir?). Con tal de validar su efectividad, todo lo anterior debe revisarse después del evento o de forma periódica, si es un estándar.

Cabe decir que no basta con que tú conozcas esta información o que tú la hayas redactado y archivado. Debe ser algo trabajado con todas las partes pertinentes y disponible para todo tu equipo.

TRUCO INFALIBLE: Sé claro, oportuno y honesto. Ten una solución a la mano. De ninguna manera espero que estreses a tu cliente y a todo el mundo cuando solo sospechas de algo. Pero si hay una amenaza potencial evidente, es mejor comunicarlo a quien debas, de manera oportuna. Hay canales y niveles jerárquicos con los que anticipar alguna situación, así como hay otros cuando ya es inevitable. Guardar en secreto algo que explotará puede no ser la mejor idea. Como reza el dicho: "mejor siempre prevenir que lamentar".

5.10   ANTESALA DEL ACTO PRINCIPAL (Junta preconvención)

La junta preconvención (coloquialmente llamada *precon*) es el último repelente de dragones. Ahora verás por qué. Varios días previos al inicio del evento, deberás enviar toda la información pertinente a todas las partes. Idóneamente, ya se debieron haber aclarado dudas antes de tu llegada a la sede. No obstante, tener esta junta con los principales responsables involucrados, servirá para revisar por última ocasión todo el camino por recorrer en tu evento: desde el montaje o la llegada de la avanzada, hasta la salida del último participante.

Por ello, esta es una junta (o dos) programada justo antes del evento, cuando la mayoría de los pormenores ya han sido definidos. Primero, reúnete con tu equipo de coordinación (antes de partir hacia el destino o días u horas antes de llegar a la sede). Segundo, sostén un encuentro con el coordinador del lugar sede y las cabezas de área convenientes; quizás integres a otros proveedores pertinentes, así como a tu cliente, si desea estar presente y llegó de forma anticipada con ese propósito.

A tu staff explícale los puntos principales del rooming list, lista de participantes, vuelos y traslados, destacando, por ejemplo, quiénes son los VIPs, casos especiales, temas pendientes. Asimismo, revisa la agenda punto por punto, con el fin de aclarar para todos lo que están por hacer en el curso normal de las cosas y en caso de contingencia.

Durante la junta con la sede, es recomendable revisar las órdenes de servicio (BEOs), que deben estar ya empatadas con tu agenda. Si se trata de un hotel, repasen los puntos importantes del rooming list, horarios de llegada y salida (grosso modo), indicaciones particulares para bell boys o concierge e, incluso, para la auditoría o cierre de cuentas.

Para eventos virtuales, también es indispensable hacer un repaso del proceso y las tareas de cada quien, resolver dudas remanentes con respecto al funcionamiento de la plataforma y cualquier inquietud aún sin atender.

Este **es el momento de enfatizar lo esperado de todos en el evento**, la experiencia deseada para el participante y los puntos por vigilar, especialmente con los VIPs. La precon te servirá también para identificar a las cabezas de área que pueden apoyarte a agilizar alguna solicitud, pues no siempre el coordinador se encuentra disponible.

> **TRUCO INFALIBLE:** No importa cuán sencillo, pequeño o exprés sea tu evento, siempre revísalo todo. A lo mejor es una reunión tan pequeña que no implica convocar a más personal que tu contacto o coordinador en la sede, pero es indispensable que comprenda los requerimientos, objetivo y detalles mínimos del evento, para evitar contratiempos. Es fácil que graves errores y enormes problemas surjan en los eventos que se piensan más sencillos, por confiarse demasiado y obviar la información. ¡No caigas en la tentación!

5.11 MOMENTO DEL VERDADERO HECHIZO (Operación)

Bien. Ha llegado el momento de cumplir las promesas: la operación del evento. Todo aquello planificado con sumo cuidado ahora debe volverse una realidad. Es tiempo de comprobar que la poción esté correctamente preparada y que el hechizo final active el efecto mágico esperado. Ahora es cuando toda tu magia debe fluir constantemente, es tiempo de permanecer alerta con todos tus trucos a la mano y de confiar en tus colegas alquimistas, sin dejar de supervisar. ¡Acción!

Aquí los puntos esenciales para una buena operación:

- **Puntualidad.** Conviene cubrirte con cierto tiempo al fijar la hora del llamado o de entrega de montaje. Es importante llegar a la hora para tener oportunidad de revisar, probar, ajustar o lo que sea necesario. Además, suele haber participantes que llegan demasiado temprano y no es lindo que vean a todo el mundo correr por todos lados. En un evento virtual, todo debe iniciar a la hora indicada. La audiencia no debe estar sentada, viendo en su pantalla cómo el ponente logra conectarse o prueba si su presentación corre como corresponde. Anticipa esos detalles.

- **Revisión.** Asegúrate (directamente o a través de tu staff) de que todo está donde debe estar, a la hora indicada, del modo previsto.

- **Anticipación.** No llegues a ver cómo quedó el montaje justo a la hora de la entrega. Acude al proceso, aunque solo estés presente por cierto tiempo. Es común que alguien coloque algo de un modo diferente al señalado, que un evento anterior no haya sido desmontado cuando lleguen tus proveedores, que alguno cambie el color de las servilletas o el mantel tenga un agujero... Procura tener el mayor tiempo posible para corregir si es necesario.

- **Prueba, prueba, prueba.** Siempre revisa el funcionamiento de micrófonos, luces, puertas, aire acondicionado, equipo de cómputo, internet, baterías de repuesto y todo lo que se te ocurra. Prueba primero con tus proveedores, antes de mostrar al cliente el resultado, y ciertamente, procura el ensayo de los ponentes. Esto incluye que el cliente o sus ponentes te entreguen con anticipación sus presentaciones, para asegurarte de que tienen el formato correcto, sus videos y audios corren sin contratiempos y se inserten en la fila de reproducciones. Enfatiza más este punto cuando sea un evento virtual.

- **Repaso.** Viene bien repasar ciertos detalles en cada función del evento, solo para evitar confusiones. Por alguna extraña razón, a veces el personal operativo parece no estar enterado de lo que ya revisaste con el coordinador, y piensan que la cena se servirá media hora antes o después de lo previsto. Mejor reconfirma antes de iniciar.

- **Previsión.** Procura tener un extra de todo y contar con aquellos artículos de uso común por si se ofrecen. No lleves cantidades justas de papelería, gafetes, camisetas. Los coordinadores suelen cargar un arsenal de artículos de papelería, cintas, botiquín de primeros auxilios, cargadores de teléfono y hasta lo inimaginable, como bolsa de mago.

- **Monitoreo.** Mantente atento al estado del tiempo, a la llegada de los vuelos, al estado del tráfico en la zona y situaciones similares que puedan afectar el evento.

- **Atención.** Estar alerta en el lugar y momento te permitirá observar si algo está saliendo de la ruta esperada, si se necesita algún ajuste, si un objeto se cayó, si el panelista necesita agua, si algún participante solicita apoyo por el chat del webinar.

- **Comunicación oportuna.** Suele haber "pequeños" cambios durante la operación. Asegúrate de que todos los involucrados lo sepan. Si el cliente decidió adelantar 30 minutos la cena, tu staff a cargo, el chef y los músicos ¡¡seguro querrán saberlo cuanto antes!! Asimismo, mantén los canales de comunicación establecidos. Si el acuerdo fue que solo X persona puede dar indicaciones con respecto a un salón, si llegan tres personas más a dar información diferente, se generará (por decir lo menos) confusión entre el personal.

- **Flexibilidad.** Por mucho que te hayas preparado, es factible algún retraso, por ejemplo, que un ponente se extienda o termine mucho antes, o que caiga un aguacero y complique el tránsito de la ciudad. Tu agenda operativa servirá para monitorear los avances de cada segmento y poder coordinar si un servicio de alimentos debe recorrerse, por citar una situación.

- **Reacción.** Si un dragón aparece, recurre a tus conocimientos y tu preparación previa. Actúa pronto.

- **Serenidad.** Va muy de la mano con los puntos anteriores. A veces, el mundo se está cayendo tras bambalinas, pero no es de esas cosas por las que quieres preocupar a tu cliente, porque aún hay tiempo para resolverlo. O quizá sea tu cliente quien esté tremendamente estresado, porque su jefe amaneció de mal humor. También puede ser que el registro esté tardando demasiado o que un proveedor haya olvidado un cable, pero que ya mandó comprar otro... Inhala... Exhala... Haz todo lo posible por mantenerte en calma y control, así podrás tener tu mente clara y no extender el pánico por todo el lugar. Puede parecer difícil, según sea tu carácter, pero no imposible. Confía.

- **Asertividad.** Por difícil que sea en momentos de estrés, ser empático y amable con los participantes, clientes, proveedores y staff puede facilitar cualquier resolución de conflictos. Pero también debes saber cuándo es momento de presionar respetuosamente a quien no parece comprender el sentido de urgencia.

- **Proactividad.** No te quedes sentado si observas que algo está a punto de suceder, si terminaste alguna tarea y tienes oportunidad de apoyar en otro lado donde hay un cuello de botella, si ves que un invitado está extraviado a medio lobby, si se te ocurre una forma más ágil de armar los kits de bienvenida... Haz un poco más de lo que se espera de ti siempre que puedas.

- **¡Seguimiento!** ¿Recuerdas esta palabra? ¡En la operación es vital! Evita dejar algo al azar o a la memoria de alguien más que está tanto o más agitado que tú.

Finalmente, ¡disfruta de tu evento! Hiciste un recorrido complejo y muchas veces extenuante para llegar hasta ese día esperado. Todo lo que pudiste hacer antes de, está hecho o no. En el desarrollo, no dudo que notes algún detalle, pero ahora ya sabes que puedes hacerlo mejor la próxima vez. Aprecia todo lo que funciona y las sonrisas provocadas.

Sé objetivo, toma nota de las áreas de oportunidad y captura imágenes para documentar el buen desarrollo del evento, ejemplificar tu trabajo o, simplemente, recordarte lo bien que lo hiciste. Se vale darte una palmada.

5.12   CIERRE DE CUENTAS

Lo más pronto posible, querrás cerrar cuentas con tus proveedores para luego hacer lo propio con el cliente. Para ello, utilizarás el mismo cuadro de presupuesto para informar al cliente cuáles son los gastos reales de su evento, incluyendo los incrementos o disminuciones, cargos extras autorizados, extensiones y demás. Identifica todo con claridad, para agilizar la revisión y resolver cualquier discrepancia.

Durante la operación, **es muy importante llevar un récord** de todo lo que se adiciona y quién lo solicita o aprueba. Por otro lado, procura hacer un corte diario con la sede y cualquier otro proveedor o servicio que lo amerite.

Cuando el cierre esté aprobado por el cliente, podrás facturar cualquier saldo, así como liquidar a tus proveedores, todo en los términos previamente acordados.

5.13 EVALUACIÓN

Deseo sinceramente que todos tus eventos resulten exitosos para ti, para tu cliente y para tu cadena de valor. Pasada un poco la euforia, conviene revisar qué resultó bien, qué pudo resultar mejor y qué puede transformarse aún.

La evaluación tiene varios aspectos. Es conveniente que los participantes evalúen la experiencia, por ejemplo, a través de un cuestionario posterior o una encuesta de salida; pero también que tu cliente evalúe la experiencia contigo o con tu agencia, y a la vez, tú evalúes la experiencia con tus proveedores. Con esto, buscamos la oportunidad de mejorar donde haga falta y reconocer lo que resultó bien o mejor de lo esperado.

Las evaluaciones pueden ser desde una hoja de papel, una app, un email o hasta una reunión posterior. Dependiendo de los objetivos del evento, entre otras cosas, puedes considerar lo siguiente:

- Calidad del registro.
- Calidad del viaje.
- Calidad del hospedaje y alimentos.
- Calidad de los salones.
- Calidad del programa en general.
- Puntualidad.
- Ponencias: tema, ponente, duración.
- Talleres: contenido, metodología, moderadores.
- Oportunidad de conectar con otros participantes.
- Utilidad y facilidad de la app.
- Calidad de la experiencia en los tours o actividades recreativas.
- Experiencia virtual.
- Cordialidad del staff.

Asimismo, si utilizas sistemas de registro, apps, plataformas de eventos virtuales, hay múltiples reportes que puedes facilitar al cliente, para medir y comparar el evento, justificando su valor.

Tú querrás saber si lograste transformar la confianza de tu cliente en éxito: qué amó, qué faltó, de qué pueden prescindir una próxima vez y qué más espera de ti.

5.14 ¿Y AHORA QUÉ SIGUE?

Luego de cerrar cuentas, facturar, pagar, evaluar y archivar la información, el proyecto está concluido. Pero, salvo que algo haya resultado tremendamente mal, supongo que desearás continuar la relación con tu cliente y su empresa.

Si no lo sabes ya, interésate por saber si tiene futuros proyectos, si hay otro departamento al cual pueda referirte.

En cualquier caso, **hazte presente**: si dispones de un boletín periódico, si tienes eventos a los que puedes convocarlo, si lo felicitas por su cumpleaños o simplemente le llamas para saludarlo. Muestra interés y busca que te tenga en mente. Busca agregar valor a su vida o su trabajo en un futuro cercano.

Entre tanto, sigue trabajando en ti y en todos tus demás eventos.

Como habrás podido comprobar en este capítulo, hay mil y un detalles por contemplar en la creación de una poción que al menos aspire a ser perfecta. Considera que la Alquimia no es una ciencia exacta; implica probar distintas combinaciones de diversos elementos para lograr la transformación que estás buscando. Entonces, nada más que la atención y la práctica te llevarán a tener éxito.

Si bien encontrarás casos donde te soliciten un servicio o evento para el día siguiente, o tengas que organizar toda una convención en un ambiente algo desordenado, esfuérzate por integrar la mayor cantidad de elementos correctos e indispensables. Insisto: la práctica te hará consciente de lo imprescindible y podrás desarrollar varios aspectos de manera casi automática.

Transformar la confianza en éxito no es una tarea sencilla, pero confía en tus capacidades y trabaja en tus habilidades constantemente. Incorporando siempre tu magia personal, lograrás conjurar tu hechizo objetivo y propiciarás relaciones comerciales y personales de largo plazo.

CAPÍTULO 6.

LA VIDA REAL
DEL ALQUIMISTA
DE EVENTOS

6. LA VIDA REAL DEL ALQUIMISTA DE EVENTOS

¡Ufffff! Terminamos de estudiar por el momento. He procurado acercarte mucha información y herramientas que, con toda sinceridad, espero te resulten de utilidad o de inspiración en tu camino. Tal vez algún día podamos intercambiar historias y pueda aprender de ti o me cuentes si todo esto te ha resultado efectivo.

Ahora quiero contarte algunas historias más cercanas, algunas experiencias que me han sacudido y, en retrospectiva, me han vuelto más atenta a ciertos detalles. También quiero platicarte desde el fondo de mi corazón y de mi cerebro el significado del *Mágico Mundo de la Industria de Reuniones* en mi vida, y lo que podría significar también en la tuya, sobre todo si apenas te estás iniciando.

Mi perspectiva puede diferir de tus propias opiniones y anécdotas, pero si algo positivo puedo dejarte cuando termines de leer este libro, habré cumplido con el cometido.

Demos, pues, un paseo por la vida real del Alquimista de Eventos.

6.1   HISTORIAS DE DRAGONES APARECIDOS

Quizá la imagen más recurrente que tenemos de estos seres mitológicos es la de un ser maligno, con cuerpo similar al de las serpientes, con garras, alas e, incluso, cuernos. Algo digno de temer, ¿cierto? Pero, si lo reflexionamos por un momento, hasta en las películas fantásticas, el dragón llega a hacerse amigo del protagonista o es domado por él.

Desde otro enfoque, el dragón representa los miedos y debilidades del hombre. Por ello, ha de dominarse, hacerse más pequeño, para poder llevar a la bestia cerca y bajo control. Como dice el refrán: "mantén a tus amigos cerca y a tus enemigos más cerca". Quedémonos con esta idea para arrancar esta sección.

Desde mi perspectiva, los dragones en el Mágico Mundo de los Eventos son las adversidades, los imprevistos, los accidentes, las omisiones, los olvidos. Estas criaturas toman varias formas, pero, créeme, cuando aprendes cómo enfrentarlos, resultan más fáciles de identificar y controlar.

Te compartiré algunas divertidas (en realidad, no tanto) batallas con dragones, para que tengas algunas consideraciones en tus próximos eventos.

Dragones poco proactivos

Cumples con enviar el programa, el rooming list, poner notas adecuadas, el logo, preparar una junta preconvención (a la que llegaron dos de los involucrados) y todo el resto de tu check-list. Pero el coordinador de tu grupo en el hotel o recinto decide no leer toda la información, ni pasarla a los departamentos involucrados. Es de esperar errores en la operación: el logo no estará en el chocolate del postre, los bell-boys llegarán más tarde que el grupo... o lo que se te ocurra.

Moraleja: (Aunque quieras, tú no eres su jefe y no puedes despedir a esa persona, menos cuando estás en plena operación. OK, perdón, me exalté) Asegúrate, antes de la llegada del grupo, de que tu contraparte haya comprendido la información y exige una junta preconvención, si el programa lo amerita, para que los responsables de área estén enterados de lo que se espera de su servicio (al menos, revísalo con tu ejecutivo). Siempre es útil contar con los nombres y extensiones o teléfonos de los responsables; aunque no es lo óptimo en todos los casos, se vale llegar directamente con ellos para destrabar los problemas.

Dragones del tiempo

En la industria existe un dicho: "la agenda final es la que resulta después del evento". Esto es, desafortunadamente, recurrente en México y otras latitudes. El evento no inicia hasta que tal director llegue; una tormenta entorpeció el tránsito y faltan muchos participantes; realizan cambios en la presentación segundos antes de iniciarla; las ponencias se extienden 20 minutos sucesivamente; la cocina demora la preparación del plato fuerte.

Moraleja: Aquí es donde aplica tu capacidad de adaptación, de ser paciente y saber reaccionar con oportunidad. Seas tú u otro miembro del equipo quien se encarga de controlar los tiempos, la comunicación es primordial para poder tomar acciones, avisar o entretener a los participantes, o pedirle al capitán que apresure o demore el servicio de alimentos.

Dragones piratas

Contratas cierto número de autobuses para trasladar a 300 personas por cinco horas hacia la playa, a un súper hotel. Tu proveedor de autobuses se sobrevende en esa fecha y decide apoyarse con un colega, asegurándote que no notarás la diferencia. Tal colega opta por enviar sus peores unidades: aquellas que se quedan sin aire acondicionado a medio camino, sin baño, o tienen un sonido ensordecedor en su maquinaria.

Después de un gran drama, tu proveedor envía sus bonitos autobuses para cubrir el regreso. Por supuesto, el cliente no quiere volver a saber de ti.

Moraleja: Confía en tus proveedores, pero exige prueba del producto. Cuando te enteres de estos imprevistos, procura conocer a los sustitutos, consigue referencias. Cuando tengas al grupo enfrente, poco podrás hacer que no hayas hecho días antes. Si ya ocurrió un problema, procura resarcirlo de la mejor manera posible. En efecto, quizá el cliente no quedará contento, pero al menos habrá visto que trabajaste para lograrlo. Recuerda: la vida da muchas vueltas y podría darte una segunda oportunidad.

Dragones taxistas

Los taxistas locales deciden plantarse en la entrada del hotel donde el grupo se hospeda, porque el DMC (supuestamente) no les avisó que el grupo tenía contratados ciertos traslados para un tour, y ellos quieren hacerse cargo. Por supuesto, no subirás a 200 personas a unas camionetas de dudosa calidad (y precio irracional), arriesgando a nacionales y extranjeros. No hay tiempo de averiguar mucho más, cuando la contraparte no está muy dispuesta al diálogo. Forzar la salida, además, podría arriesgar el regreso.

El DMC quizá no llegó a ciertos acuerdos con un sindicato bastante cerrado. La solución acordada con el cliente es perder la actividad fuera del hotel y organizar algo con el equipo de animación. El grupo no disfruta tanto como debería suceder, pero se garantiza su seguridad.

Moraleja: Presta atención a la situación local en términos de transporte, pues los taxistas en más de una ocasión pueden agremiarse para "no perder pasajeros" (existen destinos con casos recurrentes). Si contrataste a un DMC o directamente a una transportadora, asegúrate de que sus procedimientos ya hayan considerado estos riesgos y te ofrezcan una solución adecuada. En cualquier caso, la seguridad del grupo es primero.

Dragones enfermizos

Tienes un grupo numeroso en un lindo hotel, disfrutando de variados buffets, barra libre, sol y playa, luego de días de trabajo. Uno de los participantes, con conocimiento de su condición diabética, decide que es buena idea degustar múltiples postres y bebidas azucaradas.

Horas después, terminas en el hospital haciendo trámites derivados de su traslado en ambulancia (que afortunadamente sí había sido contratada) para estabilizarlo durante algunas horas. El asunto no pasa a mayores. No obstante, ni la persona disfruta del evento, y tú debes delegar tus funciones a otro miembro del equipo. (¿Ves la importancia de tener un programa conocido por todos a la perfección?)

Moraleja: En eventos que implican mucha gente, mucho sol, actividades físicas o situaciones similares, es mejor presupuestar una ambulancia con paramédicos. Resulta conveniente contar con un programa de asistencia en viajes, que pueda cubrir gastos médicos o de hospitalización, aunque varias empresas cubren a sus participantes con pólizas corporativas.

Dragones tóxicos

Al ser personas tratando con personas, existe la posibilidad de tener incompatibilidad de caracteres. Por bueno que sea tu servicio, quizá no empates con tu cliente o termines, incluso, por cambiar negativamente tu actitud. Como ocurre en cualquier otro ámbito, es factible toparte con clientes que más allá de ser exigentes, cruzan la línea del respeto en cualquier forma (palabras altisonantes, denigración, acoso, soborno).

Toma tus píldoras de paciencia y procura mantener el foco en tu buen servicio y tu respeto, a fin de llevar el evento a buen término, con mayor razón si te encuentras ya en la operación. Tu cliente seguirá siéndolo al menos hasta el final del evento y tienes una gran responsabilidad entre tus manos. Evalúa la situación, si puedes manejarla, quizá dialogar con tu cliente ayude a mejorar la interacción. Si tienes un superior, comenta con él la situación, sobre todo si es potencialmente riesgosa. A veces, la jerarquía ayuda a suavizar las cosas.

Otra arista de esta situación es cuando tu cliente no desea en realidad tu apoyo, sea porque está acostumbrado a hacerse cargo de todo personalmente, porque no has logrado su confianza, o simplemente porque prefiere apoyarse en sus amigos, aunque no sean Meeting Planners. Sí, a sus ojos puedes parecer poco apto, aunque hagas malabares para rescatar su evento; para él, no será así.

Reflexión: En cualquier caso, la interacción humana debe tener el componente del respeto. Al término del evento, evalúa si para ti, tu departamento o tu empresa, vale la pena proseguir la relación con ese cliente. Quizá solo se trate de una ausencia de química entre ambos y alguna otra persona puede atender la cuenta. Quizá su empresa y la tuya no comulgan con los mismos valores y es válido agradecer en el momento adecuado, en lugar de tener una bomba de tiempo en tu bolsillo.

Si alguna situación similar se da con un proveedor, de alguna manera resulta más sencillo manejarla, pues se supone que eres tú quien tiene mayor jerarquía, aunque no todos lo piensen así. Sin embargo, debes cuidar que tu cliente y su evento no resulten afectados y cambiar de proveedor en cuanto puedas.

Dragones internos

En ciertos momentos de la vida, uno puede verse afectado por diferentes circunstancias. Quizás has rechazado algún trabajo o proyecto por no sentirte suficientemente preparado; quizás el estrés ha bloqueado tu creatividad; quizás has pasado en el mismo lugar mucho más tiempo de lo planeado; quizá te has sentido estancado o dudoso; quizás alguna situación personal te ha distraído de cosas importantes; quizá tu trabajo ha afectado la calidad de tiempo con tu familia; quizá simplemente quieres probar algo nuevo. Y en todas estas situaciones, es probable sentir un gran dragón interno susurrándote (o gritándote) que no eres capaz, que no puedes más, que más vale "bueno conocido que malo por conocer", que la zona de confort es agradable y segura, y otras frases similares.

La cuestión es que cualquiera de estas situaciones comúnmente afecta tanto tu vida personal como profesional, poniendo en riesgo tus relaciones y tu carrera, y por supuesto, tu realización individual.

Reflexión: Ilumina tu obscuridad interior y deslumbra a ese dragón desagradable. Es completamente válido y necesario detenerte un momento y respirar; hacer algo distinto, aunque sea unos momentos; pedir apoyo; reconocer tu cansancio o ignorancia y compensarlos; salir a tomar aire o un café (o un té, por aquello de que la cafeína podría acelerar tus nervios); recordarte a ti mismo las cosas logradas y aquellas que disfrutas. **No dejes que el dragón ocupe más espacio del necesario para estimularte.**

No hay dragón pequeño, pero tampoco hay dragón invencible. Solo encuentra su punto débil y tu fortaleza.

Si un dragón se presenta, percíbelo como una oportunidad. Si te ataca, transfórmalo en posibles soluciones. Si acaso te gana una batalla, transfórmalo en aprendizaje.

6.2   LO QUE ESPERA AL CRUZAR EL UMBRAL

En mis años de estudiante de Administración de Empresas Turísticas, solían preguntarnos: "¿a qué te quieres dedicar o en qué área te gustaría trabajar?" Más de uno llegó con la ilusión de trabajar en Grupos, de conocer gente o de viajar, porque de eso se trata el turismo, ¿no? Entonces, más de un profesor respondía que ese deseo se parecía más al de ser turista que *turistero*, que trabajaríamos en fines de semana, días festivos, en horarios cambiantes; que quizá ni tendríamos tanto tiempo para viajar.

Lo cierto es que, si bien decreté desde antes de iniciar la licenciatura que quería trabajar en Grupos, no llegué a la industria de la manera que pensaba, porque lo que conocía de Grupos y Convenciones, en realidad se enfrascaba dentro de un hotel. Fue intentando entrar a un hotel próximo a abrir, que mi contacto me recomendó llamar a un amigo suyo, quien trabajaba en una casa de incentivos; en realidad, se trataba de un Meeting Planner. Y en ese entonces, no estaba segura de qué cosa significaba, pero lo intenté y me quedé para seguir en esto por varios años más.

Y ese otro mundo, descubierto a través de aquella agencia, se transformó en un universo mágico en expansión, que aun después de 18 años, no acabo de conocer, en gran parte porque no es estático, evoluciona, se reinventa, se diversifica y se especializa. Así como para mí, para muchos otros esto es un ecosistema que nos mantiene y alimenta, aunque ocasionalmente lo alucinemos y nos deje extenuados.

Más de una vez, es probable que te preguntes si valen la pena tus ojeras, tus pocas horas de sueño, tu gastritis. Luego, te verás satisfecho cuando te contraten un evento por el que luchaste aguerridamente, o cuando una participante con limitación de movimiento aprecie tu ayuda para caminar hasta el sanitario y de regreso, porque su cuidadora se ausentó un momento.

A lo mejor eres de quienes comienzan su carrera como Meeting Planner desde los meros cimientos, quizá como free lance, operando eventos ocasionalmente, o como un asistente dedicado a responder llamadas y ordenar folletos. Quizá luego estés de viaje todo el tiempo coordinando eventos por el mundo, o estés atado a una silla trabajando cotizaciones sin conocer en persona a ningún cliente.

Y de pronto, se presentan oportunidades radicales, de esas de "tómalo o déjalo", y decides tomar otros retos, con mayores responsabilidades, exigencias y riesgos. Probablemente, dejes la gastritis, pero aparezca un tic nervioso en el ojo cada que ese cliente llama por enésima vez en el día.

Tal vez llegue otra vuelta de timón donde, por mucho que ames lo que haces, se vuelva urgente un respiro, un cambio, disponer de mayor tiempo para ti, a lo mejor para una nueva familia, para emprender, o simplemente algo que te conduzca a aprender cosas nuevas. Entonces, quizás identifiques otras oportunidades, unas que no te alejen de la industria, pero que se vean, se sientan y sepan distinto, y te hagan lucir diferente.

Puede ser que pases por todas las etapas. Puede ser que no pases por ninguna. Puede ser que diseñes todo un plan o solo llegues allí por casualidad.

Sé consciente de tu momento. Este negocio es demandante, implica mucha presión, requiere mucha tolerancia (a los cambios, a la frustración...), te exige ser muy flexible hasta con tus días y horarios de trabajo y de comida. Y también, las personas dedicadas a esto te podrán decir que son adictas a la adrenalina generada por un evento, y que las malpasadas ocasionales bien valen la pena.

Y es cierto, es una industria increíblemente retadora pero también satisfactoria. Pero debes ser consciente del momento de tu vida, de la magia que quieres en tu vida y del precio que estás dispuesto a pagar por ella.

Es decir, es válido tener tus objetivos y tus prioridades, pero sé honesto contigo para reconocer cuáles son. ¿Quieres dedicar la mayor parte de tu tiempo a perseguir el éxito profesional? ¿No te importa solo dormir a veces en tu casa a cambio de andar viajando con diferentes grupos por muchas ciudades? ¿Tu prioridad es disfrutar de tu familia, tu casa, tus hijos? ¿Te gusta la parte administrativa en horario fijo y dominas perfectamente los presupuestos, pero odias la operación?

Todo es válido si eres honesto contigo. Evalúa si tus objetivos y prioridades se alinean con los de la empresa para la que trabajas. Incluso, si lo tuyo es el emprendimiento, tus objetivos de negocio y personales deben estar alineados y en balance.

Sí, en un trabajo tan dinámico resulta complicado el equilibrio. Muchos crecimos acostumbrados a cierto estilo de trabajo y de vida, aprendiendo de nuestros padres a ser workaholics. Quizás es solo con el paso del tiempo, que nos damos cuenta de que los desvelos se resienten, que los fines de semana se extrañan, pero también, que hay formas de organizarse y ser más eficiente, que se puede delegar en la persona adecuada, que es posible cumplir los compromisos y no morir en el intento.

Lo cierto es que, en un mercado donde todo urge; donde los precios regularmente se contraen, pero las demandas se expanden; donde estamos expuestos a las amenazas del entorno físico, económico y social; donde es difícil satisfacer a tantos humanos, el estrés no es algo factible de eliminar por completo. El punto es cómo respondes ante él. Con franqueza, admitamos que si deseas una vida relajada, difícilmente la encontrarás aquí.

Entonces, ¿cuál es tu momento? ¿Qué disfrutas justo ahora? ¿Hacia dónde quieres ir?

Te confieso que a lo largo de mi carrera he tenido muchos momentos, y los altibajos son una forma de replantearte el rumbo, en ocasiones de forma insospechada y en otras por obligación.

Después de aquella primera agencia en que laboré, tuve la fortuna de crear el Departamento de Grupos y Convenciones en una importante agencia de viajes en México, en buena medida por la confianza depositada en mí por parte de quien me recomendó para una entrevista. Y aunque yo no tenía mucha confianza en mí misma para semejante tarea, porque me consideraba demasiado joven e inexperta, mi ahora esposo me impulsó para lanzarme al ruedo. Allí estuve cerca de 10 increíbles años, aprendiendo, enseñando, compartiendo y reinventando.

Allí mismo, tuve también la buena suerte de conocer a talentosas personas, varias de las cuales ahora tienen exitosas carreras o tomaron importantes decisiones para reorientarse. Me llena de gusto cuando sé que pude haber sembrado alguna semilla positiva, porque ellos estuvieron dispuestos a recibirla y a cambio, aprendí o aprecié otras formas de crecimiento. Además, a algunos los conservo como amigos queridos.

Compartimos mil historias y aunque fue una etapa que disfruté ampliamente, en algún momento decidí que era momento de probar otros aires, pues ya no me sentía tan emocionada como antes. No solo estaba cansada, sino que me había acomodado en una zona donde ya no me sentía inspirada. Descansé a mi modo. Soy una persona inquieta, por lo que me puse a estudiar otras cosas, a leer y ejercitarme, colaborar en otros proyectos, hasta que otro momento llegó.

Un poco por azares del destino, pocos meses después de mi salida de la agencia, se acomodaron las cosas para continuar trabajando con clientes de años, cuyos eventos me resultaban factibles de realizar con mis propios medios. Esos clientes, que antes habían confiado en mí respaldada por una empresa de 30 años, me abrieron las puertas junto con mi nuevo proyecto: **360 Events Solutions**. No puedo describirte mi sorpresa, satisfacción y pánico cuando comenzaron a solicitarme nuevas cotizaciones de servicios que, incluso, nunca habrían contemplado antes. He aprendido mucho gracias a todos ellos. Comprendí entonces el valor de la confianza.

Por supuesto, con el reto, llegó otra etapa donde dormir suficiente y no estresarme eran una aspiración. Pero gracias a la confianza de mis socios comerciales de años, de gente que se fue sumando al proyecto, de nuevos proveedores con nuevas ideas y de la imperiosa necesidad de hallar nuevas formas, puedo decir con orgullo que 360 ha participado en inolvidables historias.

Entre tanto, decidí que algunas cosas tendrían menor prioridad, que necesitaba aprender más maneras de mejorar, y que, como siempre he sabido, lo mío no es ser estática. Tiempo, situaciones y virus después, sentí que algo más podría hacer con mi conocimiento; tal vez había llegado el momento de compartirlo con otros, más allá de mis equipos de trabajo. Y aquí me tienes, escribiéndote todo esto, esperando plantar en ti una semilla más.

Si apenas has cruzado el umbral a este Mundo Mágico de la Industria de Reuniones, sé bienvenido, sé valiente, persistente y entregado. Dale una oportunidad para convencerte, forjarte, enamorarte; te dará valores, aprendizaje, relaciones y crecimiento. Te permitirá desarrollar tu magia de maneras sorprendentes (hasta para ti).

Si cruzaste el umbral hace tiempo, date una oportunidad para apreciarlo de nuevo, pero también para aportarle tu magia, para transformarlo para bien. Instruye a otros, comparte lo que sabes y lo que aprendiste a través de este libro, o aun mejor, ¡recomiéndaselos!

Si todavía estás pensando en cruzar el umbral, toma valor y hazlo, de forma consciente pero atrevida. No te arrepentirás.

6.3   NOTAS FINALES

"Everybody can improve. Change needs to be creative and much more determined. It's only with change that you really reach the highest targets". Rémy Cregut, GM, Montreux Music & Convention Center.

("Todos pueden mejorar. El cambio necesita ser creativo y mucho más determinado. Es solo con el cambio que realmente se alcanzan los objetivos más elevados"). Leí esa frase en alguna revista *One+* de MPI, y me gusta para acercarnos al final de este libro. Organizadores de eventos hay muchos, pero no cualquiera será Alquimista de Eventos. ¿Qué buscas ser tú?

Antes de terminar, **quiero pedirte que te tomes unos minutos para reflexionar**. Nadie te calificará nada, solo deseo que te observes a ti mismo, con todo cariño, paciencia y sin filtros, para responderte:

- ¿Dónde te encuentras ahora?
- ¿Eres feliz o estás satisfecho con lo alcanzado hasta hoy?
- ¿Qué te hace sentir orgulloso y qué deseas transformar en el futuro?
- ¿Qué has aprendido en tu trabajo o escuela (o en la vida), aunque tal vez no lo pongas en práctica con frecuencia?
- ¿Qué has aprendido en este libro, que quieres y puedes implementar a partir de hoy?
- ¿Hacia dónde quieres ir?
- ¿Qué más necesitas para llegar?
- ¿Qué ya no necesitas o no quieres ser, tener o hacer?
- ¿Con quién quieres compartir tus próximos logros u objetivos?
- ¿Has encontrado tu forma personal de hacer magia, de aplicar la Alquimia en ti y en tus eventos?

Como ya te conté, he pasado por varias etapas en mi carrera y también en mi vida personal. Así que, entre todo eso, ha habido momentos donde ha imperado mi necesidad de echar luz a ese dragón interior. Algunas veces, ha costado más que otras, pero permíteme hacer algunas últimas sugerencias, porque tal vez te ayuden en cierta forma.

- Sé honesto. Reconoce lo que eres, lo que haces, lo que deseas, y actúa en consecuencia.

- Confía en ti y genera confianza a tu alrededor.

- Comprométete contigo, con tus convicciones y con tus objetivos.

- Sé perseverante, cualquiera que sea tu meta.

- Sé valiente. Decidirse a hacer o no hacer algo, requiere coraje. ¡Escúchate y luego anímate!

- Aunque demandante, esta industria es muy divertida. ¡Disfruta lo que haces! Nada peor que trabajar muchísimo en algo que no te da satisfacciones.

- No des nada por hecho: ni lo bueno, ni lo malo, ni lo que supones que debe ser.

- Comprende: nada es permanente y lo único constante es el cambio.

- Prepárate: estudia aquello que más te interese o que desconoces, pero necesitas y no exclusivamente para tu profesión, sino para tu vida en general. Ser autodidacta es una opción, sobre todo cuando no abunden los recursos económicos.

- Comparte tu conocimiento, en aras del crecimiento colectivo.

- Si no lo dominas, estudia inglés, y preferiblemente, algún otro idioma.

- Suscríbete a boletines o sigue blogs de especialistas en la industria.

- Estimula tu creatividad, busca fuentes de inspiración, para tu trabajo y para tu vida cotidiana. Nunca sabes de dónde puede venir una gran idea o dónde hallarás tu nuevo pasatiempo.

- Encuentra la forma de hacer tu trabajo lo más ágil posible. Los pendientes no terminan, pero puedes ser más eficiente.

- Obsérvate y observa a tu alrededor. Puedes descubrir cosas desconocidas, y también puedes detectar riesgos y áreas de oportunidad.

- Persigue la excelencia, mas no te obsesiones con la perfección. Haz las cosas lo mejor posible, pero no te estanques eternamente en las correcciones.

- Solicita apoyo cuando lo requieras. (¡Te lo dice alguien que no gusta de pedir favores!)

◇ Procura alimentarte bien. Sé que en la operación o a mitad de una magna licitación, resulta complicado, pero organiza tus tiempos lo mejor posible y aunque sea rápido, come nutritivo. Tu cerebro y tu cuerpo en general lo agradecerán.

◇ Inhala… Exhala. Practicar yoga o meditación no solo están de moda, sino que son herramientas para serenar tu mente. Pero si no te gustan, prueba con el ejercicio, baila, canta o haz cualquier cosa que te divierta y relaje.

◇ Evita irte a dormir con mil pendientes en la mente. Si no logras terminar, anota y organiza tus deberes para el siguiente día. Si de pronto recuerdas algo, anótalo, mándate un mensaje, ponte un recordatorio o cómprate un loro, pero no lo dejes en tu memoria para que tu cerebro te despierte a media noche o tengas pesadillas.

◇ Encuentra formas de relajarte antes de dormir y en tus días de descanso.

◇ Halla formas de concentrarte y trabajar a gusto, incluyendo separar la mirada de la computadora y estirar las piernas durante el día. Seguramente, más de una vez te has sorprendido resolviendo un problema cuando te levantas a tomar café o mientras te bañas. Tomar distancia de un problema te da perspectiva.

◇ Conozcas o no de *mindfulness*, acepta estar presente en el aquí y el ahora como un valor agregado para ti y quienes te rodean. Si estás trabajando, trabaja. Si estás conviviendo con alguien, convive. Si estás viendo una película en el cine, ve la película. Ser multitareas nos hace sentir productivos, pero luego no nos enteramos de nada. (Sí, te lo dice alguien con esa "capacidad", sobre todo en la operación, pero hay momentos para todo y sucesos que no vale la pena perderse por estar con la mente en otro sitio).

◇ ¡Trátate bonito! Tu cerebro cree lo que le dices, le lees, le cantas, le muestras. ¡Estimúlate positivamente!

◇ Elije tus batallas, en todo sentido, se trate de proyectos o de tus relaciones. Es un hecho: no podemos ganar todo siempre. Escoge con inteligencia en qué quieres invertir tu energía.

◇ Si fracasas, aprende. No solo te caigas, ve con qué tropezaste y dale la vuelta la próxima vez.

◇ ¡Sé feliz! Y recuerda que la felicidad no es efímera ni se basa en las cosas compradas hoy, ni se acaba cuando pasó la euforia por el evento confirmado. Disfruta de lo que tienes, de lo que haces, de lo que vives, a quién tienes y a quién puedes ayudar. Agradece a quien decidas (Dios, el ser supremo, la vida, la naturaleza, el universo…) por todo ello, incluyendo lo que parece negativo.

◇ Permítete ser vulnerable, sentirte cansado o triste, estar agobiado o enojado. Reconoce que tener momentos o días malos es de humanos. Nadie puede estar contento y ser positivo todos los minutos del día, pero tampoco te quedes allí indefinidamente.

◇ Toma un momento para reflexionar sobre quién eres y quién quieres ser, cuál es la magia que deseas en cualquier aspecto. Si lo que amas está en la Industria de Reuniones, te deseo todo el éxito.

Permite que esa magia te inunde y se expanda. **No seas solo un Meeting Planner, ¡sé un Alquimista de Eventos!** Transforma tus eventos, tu trabajo, tu industria, tu vida.

¡Gracias por leerme!

ANEXOS

ANEXO 1. TERMINOLOGÍA

A. HOTELES Y RECINTOS

Amenidad

Artículos que el hotel suele colocar en la habitación, como insumos para el baño, batas, pantuflas, artículos de escritorio. También, se refiere a presentes de cortesía para dar la bienvenida a un huésped, sea como detalle por parte del hotel, o con un cargo adicional por fruteros, chocolates, vino o aquello que decidamos enviar a la habitación.

Attrition

Término común en contratos en Estados Unidos y otros países. Se refiere a la cantidad o porcentaje mínimo (entre 70 y 80 % es lo usual) que debes efectivamente utilizar (habitaciones, personas, alimentos); cualquier excedente, se deberá pagar al proveedor.

BEO

(Banquet Event Order u Orden de Servicio) Es un formato utilizado por hoteles y recintos, donde proveen detalles a su personal acerca de una función en específico, incluyendo montaje, horario, menús, etc. Conviene que te la envíen con anticipación para su revisión.

Bloqueo

Se refiere a la cantidad de habitaciones y/o salones reservados por el hotel o recinto para tu grupo.
Tentativo: es el apartado temporalmente, en tanto el cliente toma una decisión o se firma el contrato.
Definitivo: es el formalmente contratado y conlleva una serie de obligaciones.

Break-Out

Salón o salones destinados para secciones del grupo completo, divididos para trabajar en equipos o asistir a conferencias o talleres que no conciernen a todos.

Cargo por servicio

Porcentaje (por regular, del 10 al 18 %) que el hotel o recinto cobra, especialmente sobre consumos de alimentos y bebidas, por el staff implicado en montar y servir un evento.

Cuartos noche

Número de cuartos bloqueados u ocupados, multiplicados por el número de noches que cada uno es reservado u ocupado.

Cuenta individual	Récord de los cargos a ser pagados por cada participante del grupo, sea habitación, alimentos y/o cargos extras, según el esquema del grupo mismo.
Cuenta maestra	Récord de los cargos a ser pagados por el grupo. Puede estar subdividida en habitaciones, banquetes, extras, y cualquier otro según el modelo del proveedor.
Desplazamiento	Cargo realizado por el hotel (más frecuentemente en planes todo incluido) por realizar montajes en espacios exteriores, como terrazas, jardines, playas. Por lo regular, incluye el personal necesario y el mobiliario indispensable (mesas, sillas, barras de buffet o bebidas, iluminación básica), pero no decoración o iluminación especial, que deben contratarse por separado.
Fuerza mayor	**(Comúnmente expresado como "Acto fortuito o fuerza mayor")** Se incluye en una cláusula del contrato, colocada por lo regular al final. Es un hecho imprevisible (no se puede prevenir con cálculos ordinarios), irresistible (no se puede evitar, ni oponiendo defensas) e inimputable (proviene de una causa ajena a las partes), que afectan la posibilidad del obligado de cumplir con sus obligaciones. Son actos de la naturaleza (terremotos, huracanes, inundaciones, tornados, etc.) o producidos por el hombre (incendios, huelgas, guerras, atentados, etc.) o derivados de actos de autoridad (clausuras, suspensiones, prohibiciones, etc.).
Garantía	Es la cantidad comprometida al firmar el contrato y que no podrá modificarse, salvo dentro de las políticas de reducción y cancelación. Es decir, es la cantidad mínima que te comprometes a pagar, sean personas, comidas o cualquier otro servicio. Suele permitirse un porcentaje de reducción con cierta anticipación.
	También, se refiere a un porcentaje (regularmente, el 5 o 10 %) con que el hotel está cubierto para participantes que se presenten al evento por arriba de lo contratado. Es decir, si contrataste 100 cenas y llegaron 10 personas más, el hotel podrá estar preparado para servirles, pero tú deberás pagar la cifra final. Cuando llegan aún más personas, el hotel podría establecer costos adicionales o servir otro menú.
Habitación	¡Sabes qué es una habitación! Pero debes ser claro si necesitas un tipo específico para un grupo en particular. Por ejemplo, que sean suites, que estén en un piso ejecutivo, que todas tengan cama king size o vista al mar.

También podrías requerir habitaciones **conectadas** (con una puerta interior que permita pasar de una a otra) o habitaciones **adjuntas** (que solo estén ubicadas una al lado de la otra).

Head count — Número real de asistentes al evento.

In-House — Concesión otorgada por el hotel o recinto para cierto proveedor (audiovisual, florería, transportación...), sea para prestar de forma exclusiva sus servicios en el lugar o como una opción para el grupo.

Montaje — Acomodo requerido en el salón o salones. Es importante informar esto desde la solicitud de una cotización, para que el hotel o recinto sepa qué espacio considerar.

No show — Cualquier participante, habitación o espacio reservado, que no se presenta al evento o a reclamar el servicio ordenado, sin aviso previo. Por este último punto, regularmente se debe pagar el 100 %.

Noche pico — **(Peak Night)** Es la noche durante la estancia de un grupo, donde la mayor cantidad de habitaciones son bloqueadas u ocupadas.

Opción — **(Primera opción, segunda opción...)** Cuando cotizas un evento, si el espacio se encuentra disponible y no ha sido solicitado por nadie más, tu solicitud se encontrará en primera opción y tendrás cierto tiempo para decidir si contratas o no. Si alguien más ya ha cotizado ese mismo espacio, pero no ha decidido aún, tu solicitud estará en segunda opción y deberás esperar a que el hotel o recinto libere o confirme el espacio.

Plenaria — Sesión abierta para todos los asistentes al evento. El salón plenario es donde esta sesión se lleva a cabo.

Propinas — Dependiendo del modelo de negocio del hotel, las propinas a bell-boys y camaristas suelen cargarse por anticipado en el caso de grupos. En el caso de bell-boys, lo usual es cobrar una cantidad por persona, por el apoyo a la llegada y salida del huésped. En el caso de camaristas, lo usual es un monto por habitación por noche.

ROH — **(Run of House)** Habitaciones asignadas por el hotel según lo disponible al momento de reservar o de asignar (por ejemplo, una combinación de habitaciones con vista al jardín, al mar, etc., excepto suites). Se refiere a la tarifa o la asignación en sí.

B.   DMCs Y TRANSPORTADORAS

Nota: Varios de los términos anteriores pueden aplicarse aquí, como bloqueo, head count, no show, etc.

Deslinde
(de **Responsabilidad o** *waiver*) Término común cuando se contratan actividades en parques de aventura, donde el participante deberá firmar un documento en el que reconoce los riesgos implicados en dicha actividad y las precauciones que debe tomar, deslindando de responsabilidad al proveedor en caso de accidente.

Llegada
(In) Se refiere a la llegada del pasajero al destino; al horario de su traslado del aeropuerto o terminal, hacia el hotel o sede determinada; a su traslado en sí.

Manifiesto
Relación de llegadas y salidas que se debe enviar para ser programada.

Meet & Greet
Servicio donde se contrata o se incluye al staff para recibir al pasajero, apoyarlo con su equipaje y conducirlo al vehículo de traslado.

Salida
(Out) Se refiere a la salida del pasajero del destino; al horario de su traslado del hotel o sede determinada hacia el aeropuerto o terminal; a su traslado en sí.

C.   EQUIPO AUDIOVISUAL Y PRODUCCIÓN

Back
Término común para la mampara impresa colocada detrás del escenario, con la imagen del evento. Esta se puede sustituir por una gran pantalla, para dar un efecto más dinámico al escenario, al proyectar fondos y video.

Distribuidor de señal
Dispositivo para dividir la señal de video, permitiendo que lo transmitido desde una fuente, sea visto en varias pantallas de manera simultánea.

Escenario
Conjunto de elementos donde se desarrolla una presentación o espectáculo. Incluye el estrado, pantallas y elementos decorativos (back, tótems, cortinas, sillones, etc.)

Estrado
Tarima sobre la que se colocan los ponentes, presídium y cualquier otro elemento pertinente. Puede o no cubrirse con

alfombra o vinil para dar un aspecto mejor y uniforme con el resto de la escenografía (si existe).

Gobo   Pieza de metal o vidrio cortada o impresa con un patrón determinado (como un logo), para ser colocado en una lámpara, con lo cual se proyecta una forma luminosa sobre muros o techos.

Iluminación   Tu proveedor podrá asesorarte en el tipo y combinación de luces a utilizar, como barras LED, seguidores, robóticas, Wash u otras, todo dependiendo del espacio, el momento del día y el efecto que se desee conseguir.

Natural. Es la que se obtiene del sol, sea en espacios abiertos o semiabiertos, o en espacios interiores con ventanas.

Directa o puntual. Es la que incide directamente sobre el objeto o espacio a iluminar (como dirigir una lámpara sobre una señalización a destacar o hacia el ponente).

Indirecta. Utiliza la luz de forma rebotada, dirigiéndose hacia el techo o paredes, para lograr una iluminación generalizada y que no deslumbre a los participantes.

Arquitectónica. Es aquella donde la arquitectura del lugar juega una parte esencial (como bañar de luz los arcos en un edificio antiguo).

Ambiental. Es la que incide en la atmósfera creada en un espacio (como cuando entras al coctel de una marca y encuentras un ambiente del color de su logo).

Line Array   Acomodo de bocinas de gabinetes pequeños, puestos uno sobre otro, creando una línea vertical, donde cada bocina cubre una porción de la audiencia. Muy utilizado en conciertos o eventos de gran magnitud.

Llamado   Hora a la que se cita al staff para prepararse para el evento.

Lúmenes   Medida de luminosidad para proyectores y luces. Se refiere a la luminosidad y no a la resolución.

Micrófono   **De mano.** Alámbrico o inalámbrico, que se puede sujetar con una mano.

Diadema. El que se sujeta a la cabeza del ponente, permitiéndole tener las manos libres, sin perder sonido si gira la cabeza lejos del micrófono.

Lavalier o micrófono de solapa. Aquel sujetado con un clip a una solapa o parte similar de la prenda del ponente, con un receptor regularmente oculto en su espalda. Le permite tener las manos libres, pero si se mueve mucho, puede resultar menos efectivo.

Presidencial. El que se coloca en el pódium, cuando el conductor o ponente permanecen en un solo lugar.

Monitor Equipo de audio o video utilizado como referencia para el ponente, conductor o artista que está en el escenario. No necesariamente transmite lo mismo que la audiencia recibe.

Pantalla Objeto sobre el cual se proyecta una imagen.

De tripié. Pantalla que, por lo regular, no excede la medida de 2.44 x 2.44 m; funcional para salones pequeños, con proyección frontal.

De marco o Fast-Fold. Pantalla que puede alcanzar mayores dimensiones, armada con un marco metálico. Las hay para proyección frontal o trasera.

De LED. Pantalla de diseño modular que puede cubrir una superficie total de grandes dimensiones (como en los conciertos). Las hay para exterior e interior.

De plasma o LCD o LED. Televisores útiles para salas pequeñas o donde se necesita colocar varias a la vez, sin la necesidad de un proyector (obtienen la señal directo de la fuente).

También se pueden armar pantallas a medida utilizando lienzos, licras o proyectando sobre muros, techos o cualquier superficie factible.

Referencia. Es la pantalla de apoyo frente el ponente, que transmite lo mismo visto por la audiencia, para evitar que deba girarse si desea ver o señalar algo en la pantalla principal.

Proyección **Frontal (o front projection)** Es cuando las imágenes se proyectan desde el frente de la pantalla, por lo que el proyector es visible para la audiencia, sea colocado sobre una mesa o colgado del techo.

Trasera (o back projection) Es cuando las imágenes se proyectan desde detrás de la pantalla, por lo que el proyector no se ve, ni estorba a la audiencia.

Relación de aspecto Proporción de largo y alto que guardan las proyecciones y diapositivas; por lo general, 4:3 (más cuadrado) o 16:9 (más alargado, usado con mayor frecuencia actualmente).

Rigging Equipo (cadenas o motores) utilizado para colgar trusses, luces, proyectores o cables desde un techo.

Switcher   Dispositivo que permite cambiar de una a otra fuente de video (como proyectar desde una u otra laptop, o una u otra cámara).

Teleprompter   Dispositivo de video que muestra un guion o notas, visibles para el ponente, operado por una persona que avanza el texto siguiendo el ritmo del ponente.

Técnico   Especialista que monta, opera y/o desmonta el equipo de audio, video o iluminación.

Truss   Estructura de metal (comúnmente aluminio), frecuentemente suspendida sobre la audiencia, donde se cuelgan luces, proyectores, bocinas u otros. También sirven como marcos para pantallas y para crear torres sobre las que se montan equipos.

ANEXO 2. EJEMPLO DE PRESUPUESTO

| LOGOS |
| DATOS DE CONTACTO |
| Texto de saludo |

DATOS DEL EVENTO (nombre, fechas, lugar)	
Garantía (número de personas):	
150	FECHA DE ACTUALIZACIÓN:

CONCEPTO	CANT	No. VECES	COSTO UNITARIO	SUBTOTAL	IVA	TOTAL
TRASLADOS LOCALES						
Traslado aeropuerto-hotel, por vehículo	30	1	1.00	30.00	4.80	**34.80**
Incluye vehículo xxxxx, recepción a la llegada, etc.						
HOSPEDAJE						
Habitación estándar ocupación sencilla, por noche	5	2	2.00	20.00	3.20	**23.20**
Habitación estándar ocupación doble, por noche	72	2	4.00	576.00	92.16	**668.16**
Incluye hospedaje...						
Cortesías...						
NOTA: Tarifas y cortesías aplican para un mínimo de 77 habitaciones por 02 noches.						
TOTAL SEGÚN ROOMING LIST	1	1	.596.00	576.00	95.36	**691.36**
(Cuando ya se tiene este documento, es mejor ligar el total al presupuesto, manteniéndolo actualizado)						
CENA DE BIENVENIDA						
Menú, por persona	150	1	3.00	450.00	72.00	**522.00**
Incluye...						
SESIÓN PLENARIA (jueves y viernes)						
Renta de salón, por día	1	2	4.00	8.00	1.28	**9.28**
Servicio de café por 4 horas, por persona	150	2	2.00	600.00	96.00	**696.00**
Incluye...						
Pantalla de marco de 4 x 3 m, por día	2	2	3.00	12.00	1.92	**13.92**
			TOTALES	**2,292.00**	**366.72**	**2,658.72**

ESQUEMA DE PAGOS			
Primer pago por el 50 % - fecha	1,146.00	183.36	**1,329.36**
Segundo pago por el 30 % - fecha	687.60	110.02	**797.62**
Tercer pago por el 20 % - fecha	458.4	73.34	**531.74**
Extras - fecha	0.00	0.00	**0.00**
			2,658.72

TÉRMINOS Y CONDICIONES GENERALES:

- -
- -

ANEXO 3. EJEMPLO DE AGENDA OPERATIVA

| | | | | NOMBRE DEL EVENTO
SEDE
FECHAS
AGENDA OPERATIVA | | | |

INICIO	FIN	DURA-CIÓN	ACTIVIDAD	DÓNDE	RESPONSABLE	PAR-TICIPA (Cliente)	ESPECIFICACIONES
DÍA Y FECHA							
09:00	10:30	01:30	Junta Preconvención	Salón 2	Nombre – Agencia Nombre – Hotel Nombre – Producción		Favor de citar al personal involucrado con registro, equipaje/entrega de amenidades, banquetes y AV para revisión de detalles. Revisar salones y areas para eventos privados para revisión de layout y dudas.
12:00	16:00	04:00	Arribo de participantes al hotel	Hotel XYZ	Nombre coord – Agencia Nombre – Hotel		Fv. asegurar que sus amenidades se encuentren ya colocadas en sus habitaciones. Atender a solicitudes especiales.
12:30	16:30	04:00	Registro	Lobby grupos	Nombre coord – Agencia Nombre coord – Agencia Nombre – Hotel		Se deberá entregar gafete y kit de bienvenida. Proyectar recordatorio para la cena en las pantallas.
Tarde	Tarde	Libre					Participantes podrán consumir sus alimentos en los centros de consumo disponibles y disfrutar de las instalaciones.
19:45	20:00	00:15	Cita para traslado	Motor lobby	Nombre coord – Agencia Nombre – DMC		Revisar condiciones del vehículo y encender A/A. Pasar lista al abordaje.
20:00	22:30	02:30	Cena bienvenida	Restaurante X	Nombre coord – Agencia Nombre – Restaurante		Fv. bloquear área de terraza y montar señalización. Menú establecido: xxxx Ofrecer vino xxx durante la cena. Barra de bebidas no alcohólicas.
22:30	22:45	00:15	Traslado al hotel		Nombre coord – Agencia Nombre – DMC		Verificar que no haya objetos olvidados.
DÍA Y FECHA							
07:00	08:30	01:30	Revisión de montaje y pruebas de audio y video	Salón 1	Nombre – Agencia Nombre – Hotel Nombre – Producción	¿?	Fv. montar escuela para 150 pax, con 3 personas por tablón. El servicio de café quedara a ambos lados del foyer. Colocar periqueras de apoyo distribuidas. Mesa de hospitalidad afuera del salon, con 4 sillas, conexión eléctrica y bote de basura. Descripción de equipo audiovisual, escenario, etc. Armar y distribuir 4 roll-ups en foyer.
09:00	12:45	03:45	Sesión Plenaria	Salón 1	Nombre coord – Agencia Nombre coord – Agencia	¿?	Estar al pendiente de que todo funcione correctamente. Coffee, cafe regular y descafeinado, té. Barras de granola y galletas de amaranto.
09:00	10:00	01:00	Tema 1			Juan N	**Usa micrófono lavalier. Presentación 1.**
10:00	11:00	01:00	Tema 2			Daniela N	Usa micrófono de diadema. Video 2
11:00	11:30	00:30	Receso	Foyer			Agregar bocadillos al coffee
11:30	12:15	00:45	Dinámica 1			Jorge N	Usa micrófono de mano. Subir luces del salón.

ANEXO 4. EJEMPLO DE CRONOLÓGICO DE VUELOS

EVENTO
FECHAS
SEDE
CRONOLÓGICO DE VUELOS

#	Nombre del Pasajero	Cd de Origen	Fecha 1	Vuelo 1	Ruta 1	Sale 1	Llega 1	Fecha 2	Vuelo 2	Ruta 2	Sale 2	Llega 2	Total	Observaciones
					Vuelo de Ida					Vuelo de Regreso			Tarifa	
1	Apellido Nombre	SCL	01-ene	LA 7777	MEX-CUN T4	08:55	11:05	04-ene	LA 2222	CUN T2-LIM	00:20	05:40	**5.00**	
2	Apellido Nombre	MEX	01-ene	AM 555	MEX-CUN T4	15:30	17:57	04-ene	AM 444	CUN T4-MEX	18:32	21:10	**2.00**	
3	Apellido Nombre	LIM	02-ene	AV 0999	LIM-CUN T2	10:15	15:52	04-ene	AV 0888	CUN T2-LIM	14:34	19:44	**4.00**	VIP
4	Apellido Nombre	MTY	02-ene	Y4 111	MTY-CUN T4	18:30	20:55	04-ene	Y4 222	CUN T4-MEX	21:05	23:35	**2.00**	
5	Apellido Nombre	WAS	02-ene	UA 0000	EWR-CUN T3	19:20	22:20	04-ene	UA 0001	CUN T3-SFO	17:00	20:50	**4.50**	
5													17.50	

De este mismo formato se puede obtener el manifiesto para traslados aeropuerto–hotel y hotel-aeropuerto. Bastaría con ordenar los vuelos por horario de llegada o de salida, quizá por terminales, por apellido o lo necesario para facilitar la programación de todos los traslados y notificar a los pasajeros.

ANEXO 5. EJEMPLO DE ROOMING LIST

EVENTO
HOTEL SEDE
FECHAS
ROOMING LIST

#	Titular	Acompañante	Clave	No. Pax	Tipo Hab	Check-In	Check-Out	C/N	Tarifa / Noche	01-ene	02-ene	03-ene	04-ene	Total	Cama	Observaciones
1	Apellido N	Apellido N	100001	2	DBL	01-ene	04-ene	3	4.00	4.00	4.00	4.00		12.00	2 camas	Staff agencia
2	Apellido N		100002	1	SGL	02-ene	04-ene	2	2.00		2.00	2.00		4.00	KS	
3	Apellido N		100003	1	SGL	02-ene	04-ene	2	2.00		2.00	2.00		4.00	KS	VIP Up-grade a Jr Ste
4	Apellido N	Apellido N	100004	2	DBL	03-ene	04-ene	1	2.00			4.00		4.00	2 camas	
5	Apellido N	Apellido N	100005	2	DBL	02-ene	04-ene	2	4.00		4.00	4.00		8.00	KS	
6	Apellido N		100006	1	SGL	02-ene	05-ene	3	2.00		2.00	2.00	2.00	6.00	KS	Solicita late check-out
6				9				13		4.00	14.00	18.00	2.00	38.00		
										1	5	6	1	13		

Como se puede observar, la sábana permite cuadrar la cantidad de cuartos noche (C/N) y el total de la tarifa por habitación.

FUENTES DE CONSULTA

FUENTES DE CONSULTA

LIBROS Y DOCUMENTOS

Event MB, *10 Event Trends 2020*. Consultado en julio de 2020.
https://www.eventmanagerblog.com/10-event-trends

Event MB, *Managing the Virtual Experience white paper*, 2020. Consultado en julio de 2020.
https://www.eventmanagerblog.com/managing-the-virtual-experience/

Event MB, *Pivot to Virtual*, 2020. Consultado en julio de 2020.
https://www.eventmanagerblog.com/pivot-to-virtual

Event MB, *The Rise of the Smart Venue*, 2019. Consultado en julio de 2020.
https://www.eventmanagerblog.com/rise-smart-venue

Event MB, *The Science of Event Experience Design*, 2019. Consultado en julio de 2020.
https://www.eventmanagerblog.com/experience-design-research

Event MB and Evenium, *From Event Planner to Event Strategist*, 2019. Consultado en julio de 2020.
https://www.eventmanagerblog.com/event-planning-career

Event MB and Evenium, *The Business of Internal Events*, 2019. Consultado en julio de 2020.
https://www.eventmanagerblog.com/event-planning-career

Events Industry Council. *Global Economic Significance of Business Events*, 2018. Consultado en julio de 2020.
https://insights.eventscouncil.org/Portals/0/OE-EIC%20Global%20Meetings%20Significance%20%28FINAL%29%202018-11-09-2018.pdf

International Congress and Convention Association. *ICCA Statics Report 2019*. Country & City Rankings – Public Abstract. Consultado en julio de 2020.
https://www.iccaworld.org/knowledge/article.cfm?artid=701

MPI Foundation, *The Essential Guide to Safety and Security*, 2017. Consultado en mayo de 2020.
https://academy.mpiweb.org/mpi/articles/33/view

Secretaría de Turismo (México). *Comunicado 102*. Publicado el 21 de agosto de 2019. Consultado en abril de 2020.
https://www.gob.mx/sectur/prensa/la-derrama-economica-que-genera-la-industria-de-reuniones-representa-el-1-8-por-ciento-del-pib-nacional

Segar, Adrian. *Conferences that Work. Creating events that people love*, 2010.
Disponible para compra en: www.conferencesthatwork.com

Segar, Adrian. *The Power of Participation. Creating conferences that deliver learning, connection, engagement and action*, 2015. Disponible para compra en: www.conferencesthatwork.com

Society for Incentive Travel Excellence, *Incentives Moves Business (white paper)*, 2014. Consultado en mayo de 2020.
https://www.siteglobal.com/whitepapers

Visit México. *¿Por qué México? Turismo de Reuniones*. Consultado en abril de 2020.
https://www.visitmexico.com/turismo-de-reuniones/es

United Nations World Tourism Organization (UNWTO). *Tourism Definitions*. Consultado en mayo de 2020
https://www.e-unwto.org/doi/book/10.18111/9789284420858

United Nations World Tourism Organization (UNWTO) and European Travel Comission (ETC). *The Decision-making Process of Meetings, Congresses, Conventions and Incentives Organizers*, 2015. Consultado en mayo de 2020.
https://www.e-unwto.org/doi/book/10.18111/9789284416868

SITIOS WEB Y BLOGS

Boone Associates, 2009 – Sobre Unconferences (técnicas de participación)
www.maryboone.com

ECPAT - **End Child Prostitution, Child Pornography and Traffiking of Children for Sexual Purposes** (Eliminemos la Prostitución, la Pornografía y la Trata con Propósitos Sexuales de Niños, Niñas y Adolescentes)
http://www.ecpatmexico.org.mx/

Event MB (Event Manager Blog), parte de Skift
https://www.eventmanagerblog.com

Events Industry Council
https://www.eventscouncil.org/

Events Industry Council - Información sobre sostenibilidad
https://www.eventscouncil.org/Sustainability/About-Sustainability

Events Industry Council, Industry Glossary – Para consultas sobre diversos términos turísticos y de reuniones
https://insights.eventscouncil.org/Industry-glossary

International Congress and Convention Association (ICCA)
https://www.iccaworld.org/

Ignite
http://www.ignitetalks.io/

Meeting Professional International (MPI)
https://www.mpi.org/

Organización de las Naciones Unidas. Objetivos de Desarrollo Sostenible (DOS).
Consultado en mayo de 2020.
https://www.un.org/sustainabledevelopment/es/objetivos-de-desarrollo-sostenible/
https://www.un.org/sustainabledevelopment/es/sustainable-development-goals/

Pantone
http://www.pantone.com

Professional Convention Management Association (PCMA)
https://www.pcma.org/

Pechakucha
http://www.pechakucha.com

WEBINARS Y CURSOS

Event Design Collective. Sitio con información para compra del libro y sedes del curso de
Event Design con *EventCanvas™*, creados por Roed Frissen y Ruud Jansen.
http://www.eventcanvas.org

Event MB, Evento virtual: *Engage*, 2020. Realizado el 10 de junio de 2020.

Eventos Sustentables, Curso: *Gestión de eventos sustentables.* Finalizado en noviembre
de 2018
Curso disponible en: https://eventossustentables.com/capacitacion/

Meeting Professional International (MPI), Webinar: *SMM (Strategic Meetings
Management): Let's get it started.* Finalizado en junio de 2020.
Curso disponible en: https://academy.mpiweb.org/mpi/sessions/187/view

Meeting Professional International (MPI), Webinar: *Transform Your Meeting: The Five
Principles of Meeting Design*, 2015. Finalizado en junio de 2020.
Curso disponible en: https://academy.mpiweb.org/mpi/sessions/178/view

University of California, Berkeley, Curso: *The Science of Happiness*, Dacher Keltner y
Emiliana Simon-Thomas. Finalizado en julio de 2019.
Curso disponible en edX: https://www.edx.org/course/the-science-of-happiness-3

University of Virginia, Darden School of Business, Curso: *Design Thinking for Innovation*,
Jeanne M. Liedtka. Finalizado en marzo de 2020.
Curso disponible en Coursera: https://www.coursera.org/learn/uva-darden-design-thinking-innovation?

¡Gracias por adquirir este libro y apoyarme como autora independiente! Si lo has disfrutado, por favor comparte un **comentario en Amazon**, así como en mis **redes sociales**. Si consideras que sería de utilidad para alguien más, recomiéndale la **compra**.

Te invito a visitar la página de Formación para Alquimistas de Eventos, donde podrás leer mi blog y encontrar actualizaciones.

www.formacionae.com.mx

También puedes seguirme en redes sociales, donde comparto información cotidiana sobre la Industria de Reuniones y promociones.

www.facebook.com/FormacionAE
www.instagram.com/FormacionAE

Si aún no lo has hecho, **regístrate** para ser de los primeros en recibir posibles actualizaciones y promociones exclusivas.

http://eepurl.com/hbbS5f

Finalmente, si prefieres enviarme algún mensaje o consulta de manera privada, escríbeme a: hola@formacionae.com.mx.

Made in the USA
Columbia, SC
23 October 2022

69920191R00100